돌아와,
귀신고래야!

※ 이 작품은 한국문화예술위원회와 토지문화재단의 토지문화관 입주 지원(2015년, 2017년), 서울문화재단의 연희문학창작촌 입주 지원(2017년)에 힘입어 창작할 수 있었습니다.

돌아와, 귀신고래야!

초판 1쇄 발행 2020년 3월 15일 \ **초판 3쇄 발행** 2022년 1월 10일
글쓴이 신정민 \ **그린이** 정지윤 \ **도움글** 허영란
펴낸이 이영선
책임편집 김문정
편집 이일규 김선정 김문정 김종훈 이민재 김영아 김연수 이현정 차소영 \ **디자인** 김희량 이보아
독자본부 김일신 정혜영 김민수 박정래 손미경 김동욱
펴낸곳 파란자전거 \ **출판등록** 1999년 9월 17일(제406-2005-000048호)
주소 경기도 파주시 광인사길 217(파주출판도시) \ **전화** (031)955-7470 \ **팩스** (031)955-7469
홈페이지 www.paja.co.kr \ **이메일** booksea21@hanmail.net

ⓒ 신정민·정지윤, 2020
ISBN 979-11-88609-36-9 74810
       979-11-86075-69-2 (세트)
이 도서의 국립중앙도서관 출판예정도서목록(CIP)은 서지정보유통지원시스템 홈페이지(http://seoji.nl.go.kr)와 국가자료공동목록시스템(http://www.nl.go.kr/kolisnet)에서 이용하실 수 있습니다.(CIP제어번호: CIP2020007063)

파란자전거는 도서출판 서해문집의 어린이 책 브랜드입니다. 페달을 밟아야 똑바로 나아가는 자전거처럼 파란자전거는 어린이와 청소년이 혼자 힘으로도 바르게 설 수 있도록 도와줍니다.

어린이제품안전특별법에 의한 제품 표시
제조자명 파란자전거 \ **제조년월** 2022년 1월 \ **제조국** 대한민국 \ **사용연령** 만 9세 이상 어린이 제품

우리 땅 우리 생명

동해에서 사라진 **귀신고래**를 찾아서

돌아와, 귀신고래야!

신정민 글 | 정지윤 그림 | 허영란 도움글

파란자전거

| 글쓴이의 말 |

귀신고래를 기다리며

　귀신고래라니! 이름이 좀 무섭다고요? 실제로 귀신고래는 서양 뱃사람들 사이에서 '악마의 물고기'란 별명으로 불렸어요. 종종 배를 들이받아 산산이 부숴 버리곤 했거든요.

　하지만 귀신고래더러 악마라니, 더구나 물고기라니, 뭘 몰라도 한참 몰랐던 거예요. 귀신고래는 절대로 사람을 해치는 법이 없거든요. 괜히 힘자랑을 하거나 겁을 주지도 않아요. 그저 바다 밑 펄을 훑어 게나 새우 따위를 잡아먹을 뿐이에요. 이름에 '귀신'이 붙은 건 바다 위로 불쑥 고개를 내밀었다 감쪽같이 사라지기 때문이에요. 또 알다시피 고래는 물고기가 아니라 사람과 같은 포유류에 속해요. 아기를 낳고, 젖을 먹여 키우고, 사람처럼 생각과 감정을 가지고 있지요.

　그런데 귀신고래가 왜 배를 들이받곤 했냐고요? 남편에게, 아내에게, 혹은 눈에 넣어도 아프지 않을 자식에게 무시무시한 작살을 내리꽂는데 세상

어느 누가 가만있겠어요? 그것도 한번 박히면 절대 빠지지 않고, 그 끝에는 폭탄이 달려 몸속에서 '뻥!' 터지는 폭약 작살을 말이에요. 사람과 고래를 입장 바꿔 놓고 생각한다면 정말 끔찍하기 짝이 없어요.

예전에는 사람들이 이런 식으로 전 세계 바다에서 고래를 엄청나게 잡아들였어요. 공장 같은 시설을 갖춘 고래잡이배가 바다 위를 떠다닌 지 백 년 만에 고래는 그 수가 확 줄어들었어요. 고래는 보통 이삼 년에 딱 한 마리 새끼를 낳으니, 한번 줄어든 수는 좀처럼 늘지 않아요. 이미 대왕고래, 긴수염고래, 향고래, 흰고래, 외뿔고래 등 여러 종류가 멸종 위기에 처해 있어요.

해마다 겨울이면 우리 바다를 찾아와 짝짓기를 하고 새끼를 낳던 귀신고래도 마찬가지예요. 얼마 전 러시아 동부의 사할린 부근에서 여럿이 무리 지어 다니는 게 눈에 띄긴 했지만, 그 고래들이 우리 바다에서 마지막으로 목격된 건 벌써 사십 년도 넘었어요. 몰래 왔다 가는 걸까요, 아니면 아예 얼

씬도 하지 않는 걸까요?

지금 울산광역시 장생포 앞바다는 '귀신고래 회유해면'이라는 이름의 천연기념물로 지정되어 있어요. 또 귀신고래를 발견한 사람에겐 두둑한 상금을 준다고 해요. 그만큼 귀신고래가 돌아오길 바라는 마음이 간절한 거예요. 물론 고래잡이는 이미 오래전에 금지되었고, 지금은 바다를 헤엄치는 고래를 보려는 관광객을 위해 유람선이 운항되고 있어요. 이 배를 타고 나가 귀신고래를 만난다면 얼마나 좋을까요?

한때 한반도 바다의 당당한 주인이었던 귀신고래, 그 친구들이 다시 돌아올 수 있도록 모두 함께 외쳐 볼까요?

"귀신고래야, 돌아와~~!"

2020년 고래글방에서

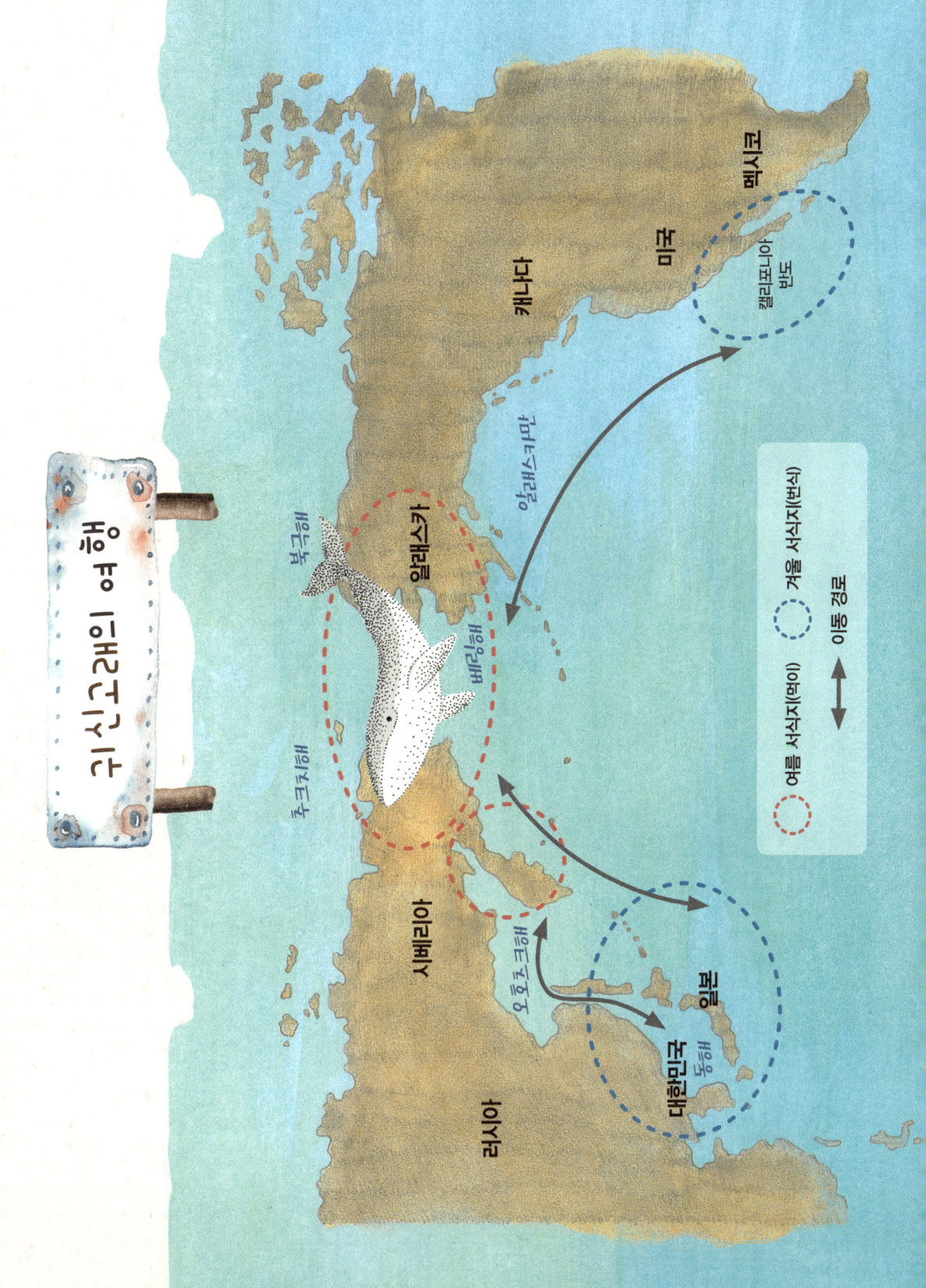

차례

글쓴이의 말
귀신고래를 기다리며 4

귀신고래 이동 경로
귀신고래의 여행 7

1. 바다의 괴물
암컷 고래 꽃님이 13
악마의 물고기 19

2. 만남
꽃님이의 사랑 노래 27
빛나는 까만 달 35

3. 자라남
호기심 많은 아기 고래 삐딱이 47
장군아, 고래 들어온다! 52

4. 살아남기
빗나간 작살 63
장군, 고래를 만나다 72

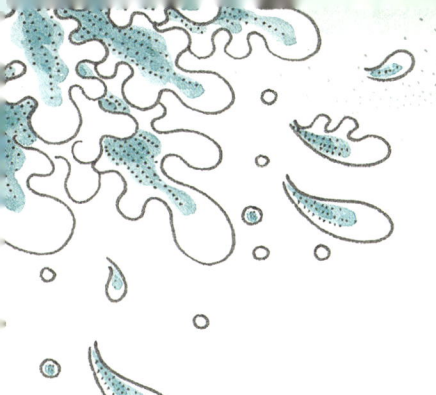
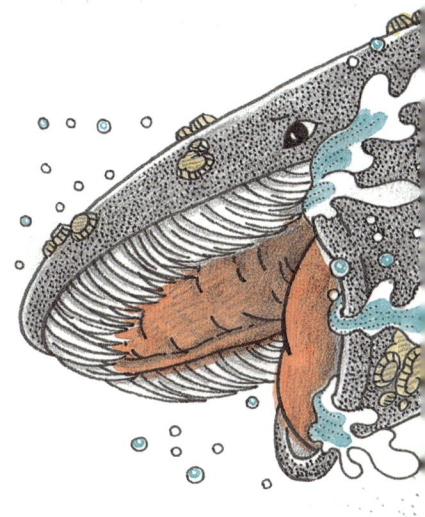

5. 홀로서기
혼자가 된 삐딱이 87
고래의 복수 92

6. 전쟁, 그 후
위험한 바다 105
고래잡이배에 오르다 111

7. 다시, 만남
별꽃, 그리고 달꽃 121
어긋난 기다림 127

8. 헤어짐
귀신고래의 전설 133
마지막 만남 138

9. 바다의 주인
마지막 귀신고래 145
고래의 바다 147

귀신고래가 돌아올 그날을 위해 149
_ 허영란, 울산대학교 역사문화학과 교수

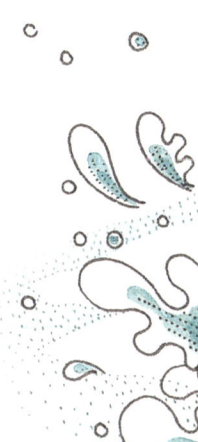

참고 자료

남종영, 《고래의 노래》, 궁리, 2011
이브 코아, 《고래의 삶과 죽음》, 최원근 옮김, 시공사, 1995
허영란, 《장생포 이야기》, 울산광역시 남구, 2012
정일광, 《귀신고래》, 내인생의책, 2008
김이진·문혜진, 《노마드의 귀신고래 이야기》, 이가서, 2005
이토 토시카주, 《고래》, 김정화 옮김, 애플비, 2007
한봉지, 《고래야 고래야 귀신고래야》, 파란하늘, 2012
정은진, 《포경선》, 북랩, 2017
김백영, 〈한말~일제하 동해의 포경업과 한반도 포경기지 변천사〉(논문), 국립목포대학교, 2013

1. 바다의 괴물

🩵 암컷 고래 꽃님이
🩵 악마의 물고기

귀신고래 Gray Whale

쇠고래 또는 푸른재색고래(북한)라고 부르며, 겉모습이 바위를 닮아 옛날에는 돌고래라고도 불렀다. 몸길이는 최대 16미터, 몸무게는 최대 45톤에 이르는 대형 수염고래로 평균 수명은 50~60년, 최대 수명은 70~75년이다.
몸 빛깔은 전체가 검푸른 빛을 띤 회색이고, 따개비 같은 고착 생물(물건이나 다른 생물체에 붙어서 사는 생물.)이 붙어 있다가 떨어져 나가기 때문에 혹등고래처럼 피부에 크고 작은 흰색의 둥근 자국들이 많다. 목주름은 턱 아래쪽으로 깊은 홈 형태로 파여 있는데, 수컷은 2줄, 암컷은 3줄인 것이 보통이며 등지느러미는 없다.

암컷 고래 꽃님이

"아유, 참. 별꼴이 반쪽이야!"

암컷 고래 꽃님이는 고개를 홰홰 저었다. 아까부터 자꾸만 낯선 수컷 고래 하나가 꽃님이를 흘끔흘끔 쳐다보며 은근슬쩍 거리를 좁혀 왔다. 처음엔 희뿌연 바닷속에서 고래인지 바윗덩어리인지 가물가물 구분하기도 어려웠는데, 어느새 너덜너덜한 가슴지느러미가 보일 만큼 가까워졌다.

"내가 쫌 예쁘긴 하지. 그래도 저런 주책바가지는 싫어!"

나이는 비슷한 또래로 보였지만 몸에 유난히 상처가 많고 지느러미가 엉망인 걸 보니 꽤나 부잡스러울 것 같았다. 아니면 유별나게 칠칠치 못하거나 성깔이 괴팍하거나…….

꽃님이가 흘끗 쳐다보자 수컷 고래는 또다시 눈을 껌뻑거리고 가슴지느러미를 팔락팔락, 꼬리를 까딱까딱 움직였다. 그게 꼭 짝짓기를 하자는 것처럼 보였다.

"이그, 징그러워. 내가 아무리 짝짓기 할 때가 되었지만, 저런 사내는 딱 질색이야."

꽃님이는 수컷 고래를 본체만체하고 휙휙 지느러미를 저어 반대 방향으로 달아났다.

차가운 오호츠크해, 북쪽 바다에서 한 계절 신나게 먹이 활동을 한 귀신고래들이 남쪽을 향해 가는 중이었다. 꽃님이가 부모 품을 벗어난 뒤로 몇 번이나 이렇게 북쪽과 남쪽을 오갔을까? 한번 여행할 때마다 두 달 넘게, 더러는 석 달 가까이 걸렸지만 꽃님이는 그 먼 길이 그다지 힘들거나 지루하지 않았다. 남쪽 고향 바다로 가는 길은 언제나 따뜻한 엄마 품으로 돌아가는 듯 마음이 폭신폭신하고 기분이 좋았다.

북에서 남으로 흐르는 해류를 타고 두리둥실 실려 가듯 헤엄치던 꽃님이는 문득 물 위로 고개를 내밀어 보았다.
　"음, 맞아, 맞아. 제대로 가고 있어."
　오른편으로 저 멀리 육지가 펼쳐져 있었다. 아마도 반쯤 온 것 같았다. 동그랗게 떠오른 저 달이 눈썹처럼 가늘어졌다가 다시 동그래질 무렵이면 그리운 고향 바다에 닿을 것이다.
　꽃님이는 다시 물살에 몸을 맡긴 채 부지런히 길을 재촉했다.
　"도대체 왜 자꾸 따라오는 거야?"
　며칠 전 보았던 그 지지리 못난 수컷 고래가 또다시 슬금슬금 꽃님이 주변을 기웃거렸다.
　"쳇! 내가 너 따위에 넘어갈 줄 알고? 내 헤엄 솜씨를 보여 주지."

꽃님이는 등을 곧게 펴고 입을 꾹 다물고 두툼한 꼬리 근육을 힘차게 움직여 물살을 떠밀었다. 십오 미터는 족히 되는 꽃님이 몸이 시원스레 바다를 가르며 쓰으윽 미끄러지듯 부드럽게 앞으로 나아갔다.

"푸훗! 이대로 가다간 앞서간 암컷들까지 금세 따라잡겠어."

귀신고래들은 멀리 이동할 때 새끼를 가져서 움직임이 둔한 암컷부터 여행을 떠난다. 그러니 아득한 저 앞 어딘가에 먼저 길을 나선 암컷들이 있을 터였다.

과연 얼마 안 가서 새끼를 옆구리에 끼고 다니는 암컷 고래를 만났다. 새끼는 채 두 살이 안 되어 보였다.

물 밖으로 고개를 살짝 내밀어 본 꽃님이는 흠칫 놀랐다.

"이크!"

어미와 새끼가 오른쪽으로 펼쳐진 만을 향해 헤엄쳐 들어가고 있었다. 저대로 계속 가다간 만에 갇힐 것만 같았다. 꽃님이는 잘 알고 있었다. 만은 너무나 위험한 곳이라는 걸. 수천 년 전부터 사람들은 고래들을 만 안쪽으로 몰아넣고 피비린내 나는 사냥을 하곤 했다.

"이봐요, 그쪽으로 너무 가까이 가지 말아요! 이쪽으로 가야 해요!"

꽃님이가 외치는 소리는 '콩다다닥, 콩닥닥' 북소리처럼 울려 퍼졌다. 그 소리는 고래들만의 언어였다.

"알아요, 알아. 만으로 너무 가까이 가면 위험하죠. 근데 이 녀석 때문에……."

아무것도 모르는 철부지 새끼는 출랑출랑 까불며 만 쪽으로 갔다. 어미는 그런 새끼를 뒤쫓느라 애를 먹었다.

'뭐 별일 없겠지.'

어미가 새끼를 데리고 안전한 곳으로 가겠지, 하면서도 꽃님이는 너무나 걱정이 되었다.

언제부턴가, 아득한 저 멀리서 크고 굵은 소리가 드문드문 들려왔다. 그것도 잠깐이 아니라 한동안, 하루에도 여러 번씩…….

어쩌면 그것은 바다 위를 떠도는 괴물들인지도 몰랐다.

악마의 물고기

세죽 마을 판수 씨는 봉태산 자락을 넘어 장생포 앞바다로 갔다.

'내 인자 그놈의 힘든 소금 일은 다시는 안 할끼다!'

판수 씨는 무슨 수를 써서라도 일본인의 고래잡이배를 탈 작정이었다. 딸린 자식은 셋이나 되는데 집안 형편은 똥구멍이 찢어질 듯 가난하니 살길이 막막했다. 염전 일은 힘도 들거니와 지금처럼 모든 게 꽁꽁 얼어붙는 겨울이면 마냥 손을 놓아야 했다. 판수 씨는 염분이 말라붙어 눈처럼 새하얗게 뒤덮인 소금밭을 보며 날마다 한숨을 푹푹 내쉬었다.

아내 꽃분 씨가 사시사철 물질을 해서 해삼이며 멍게를 따다 팔았지만, 판수 씨는 한겨울에도 차디찬 물에서 자맥질하는 꽃분 씨가 안쓰러워 두고 볼 수 없었다. 아내가 요 며칠 앓아누웠던 터라 더욱 미안한 마음이 들었다.

"고랫배를 타면 금세 땅도 사고 집도 산답디더. 장생포 사람 여럿이 부자 됐다카대예."

어디선가 이런 말을 주워들은 판수 씨는 용기를 내어 길을 나섰다.

요즘 장생포엔 거의 매일 큰 고래가 잡혀 올라오고, 그때마다 항구 전체는 구경꾼과 장사치로 시끌벅적했다. 하지만 판수 씨가 장생포 앞바다에 닿았을 땐 뜻밖에도 너무나 한산했다.

"아니, 오늘은 어째 이리 항구가 조용합니꺼?"

고래막집*에서 막걸리 한 사발을 쭉 들이켜며 판수 씨가 물었다.

"보소, 파도도 저리 높고 구름도 잔뜩 끼었잖십니꺼. 이런 날은 고랫배 못 띄웁니더."

고래막집 주인이 고래고기를 뚝뚝 썰며 대답했다.

고래잡이란 게 여간 까다로운 일이 아니어서, 날이 조금만 흐리고 바람이 세게 불어도 배를 띄우지 못했다. 물속 고기들이야 그물로 잡을 수 있지만, 눈으로 보아서 쫓아야 하는 고래는 날씨가 좋지 않으면 찾을 수가 없기 때문이다. 해서 고래잡이배는 죄다 항구에 묶여 있었다.

판수 씨가 나루터 쪽으로 가 보니 드문드문 모인 뱃사람들 사이로 웬 서양인 한 명이 눈에 띄었다.

이 무렵 장생포 마을은 말 그대로 조선 사람 반, 일본 사람 반이었다. 고래잡이와 관련해 이곳에 터를 잡고 사는 일본인이 그처럼 많았다. 바다에서 잡은 고래가 포구로 들어오면 뭍으로 끌고 와 해체한 뒤 살과 뼈를 조각조각 잘라 고기를 얻고 기름을 내거나 저장하는데, 그러기 위해선 넓은 땅이 필요했다. 이 때문에 예전에는 러시아가 이곳에 포경* 기지를 만들었고, 러시아가 물러간 뒤에는 조선을 식민지로 삼은 일본이 이곳을 포경 기지로 사용했다.

일본인은 장생포 뒷산에 자기들이 믿는 신을 모시는 신사를 세워 참배하기도 하고, 어린 자녀를 가르치기 위해 소학교까지 세웠다. 일본인이 운영하는 상점도 여럿이었다. 그래도 이곳에선 조선인과 일본인 사이에 별 다른 마찰이 없었다. 조선 사람은 먹고살기 위해, 일본 사람은 고래고기와 기름을 얻기 위해 서로 도움이 필요했기 때문이다.

"고래 본다고 미국에서 온 사람이라카제?"

"이름이 그, 앵두 뭐시라더라?"

마을 사람 몇이 생전 처음 보는 낯선 서양인의 행색을 살피며 두런거렸다.

그 서양인은 미국의 젊은 탐험가 앤드루스였다. 그는 작은 고래잡이배를 들이받아 사람들의 혼쭐을 빼 놓는 '악마의 물고기'를 쫓아 일본에서 배를 타고 장생포까지 왔다고 했다.

"근데 뭔 고래를 보러 왔다카노?"

"구신고래라카던데? 저기 저 고랜가 보네. 어제 해체된 돌고래 똥 치다 보구 있구만."

앤드루스가 쫓는 악마의 물고기는 바로 온몸이 커다란 바윗덩어리 같은 귀신고래였다. 당시 조선 사람들은 귀신고래를 '돌고래'라 불렀고, 일본식으로 '고쿠'라고 부르기도 했다.

판수 씨는 앤드루스 일행이 있는 곳으로 다가갔다. 앤드루스는 곤죽이

된 귀신고래의 똥을 뒤적거리며 고개를 갸우뚱거렸다. 아무리 봐도 뭘 먹었는지 모르겠다는 표정이었다.

그때 판수 씨가 앤드루스 뒤편 바다에서 뭔가를 발견하고는 눈을 가늘게 뜨고 유심히 살폈다. 바람에 파도가 하얀 이를 드러내며 사방에 일렁이는데, 그중에 하나가 아무래도 좀 달라 보였다. 아니나 다를까, 판수 씨가 보기에 그건 틀림없는 고래였다.

"저기 저거, 고래 아잉교! 고래가 나타났심더!"

"어데요, 어데?"

"돌고래 맞는데? 작은 놈 하나 큰 놈 하나, 두 마리나 있네예!"

모두 판수 씨가 가리키는 곳을 보았지만 다른 사람 눈에는 그저 잔파도만 일렁일 뿐 고래는 보이지 않았다. 드넓은 바다에 수천수만의 파도가 일렁이고 있으니, 어찌 보면 그 모두가 고래라면 고래처럼 보였다.

일본인 선장이 급히 쌍안경을 들어 바다를 살피더니 신음처럼 한마디를 내뱉었다.

"오오, 고쿠구지라!(오오, 귀신고래가 맞아!)"

판수 씨가 발견한 귀신고래 어미와 새끼에 뒤이어 다른 고래 떼 한 무리가 나타나 어디론가 유유히 헤엄쳐 갔다. 바다 한가운데서 그 모습을 보았다면 사방이 고래 떼로 가득한 장관이었을 것이다.

"와우, 그레이웨일!(와, 회색고래야!)"

미국인 앤드루스도 놀라 입을 다물지 못했다.

귀신고래 한 무리가 북쪽 바다에서 먹이 활동을 마치고 짝을 찾거나 새끼를 낳으러 자신들이 태어난 고향 바다로 돌아온 것이다. 한반도 바다에 추위가 닥쳐오는 11월 무렵, 장생포의 고래잡이배들이 멸치를 따라 북쪽으로 올라가는 참고래 사냥을 끝내고 마침내 귀신고래 사냥에 나서는 때였다.

고래막집 : 고래고기를 삶아 팔던 가게.
포경 : 고래 잡는 일.

♥ 꽃님이의 사랑 노래
♥ 빛나는 까만 달

귀신고래의 짝짓기

귀신고래는 5~11세면 성적으로 성숙한다. 정확한 짝짓기 과정은 밝혀진 바 없으나 매우 복잡하다고 한다. 짝짓기와 출산은 주로 따뜻한 한반도와 일본 앞바다, 캘리포니아반도와 멕시코 해안에서 이루어지며, 남쪽 바다로 내려오는 도중에 일어나는 경우도 있다.

암컷은 대부분 한 마리씩만 출산하고 임신 기간은 12~13개월이다. 갓 태어난 새끼의 몸길이는 4.5미터, 몸무게는 500~680킬로그램 정도며 7~8개월이면 젖을 뗀다.

꽃님이의 사랑 노래

꽃님이 덕분에 어미 고래와 새끼 고래는 제대로 길을 찾아 나갔다.

'언젠가는 나도 저렇게 예쁜 새끼를 데리고 다니게 될까?'

어미와 새끼가 사라져 가는 뒷모습을 보며 꽃님이는 살짝 미소 지었다.

띄엄띄엄 간격을 두고 이동하다 보니 다른 귀신고래들이 어디에 있는지 잘 보이지 않았다. 그래도 분명 저 멀리 남쪽 어딘가에 다른 귀신고래가 앞서고 있을 테고, 저 북쪽 어딘가에는 또 다른 무리가 뒤따르고 있을 티었다.

그렇게 몇 날 며칠을 더 헤엄쳐 가니 익숙한 냄새가 온몸을 감싸고 돌기 시작했다.

"으음, 고향 냄새!"

고향 바다 특유의 물 냄새와 해초 냄새, 흙냄새가 훅 끼쳤다.

꽃님이는 고개를 내밀어 사방을 둘러보았다. 주변에 펼쳐진 육지와 섬의 모양과 빛깔, 틀림없이 고향 바다였다.

한데 꽃님이는 고향 바다로 온 뒤로 몸이 자꾸만 근질거렸다. 따개비와 굴 껍데기가 들러붙은 자리가 가려운 건 늘 있는 일이었지만 유독 몸이 더 가려웠다.

'배 속에 기생충이 잔뜩 있는 건 아니겠지?'

이럴 때 어미 고래는 미역을 죽죽 뜯어 우물우물 삼키곤 했다. 꽃님이도 미역을 찾아 막 뜯어 먹으려는데 어디선가 다른 고래의 노랫소리가 들렸다.

콩따다다닥, 콩따다다, 콩딱딱!

꽃님이는 그 소리에 화들짝 놀라 저도 모르게 소리치고 말았다.

"아이코!"

귀신고래 노랫소리를 한두 번 들은 것도 아닌데 어쩐 일인지 온몸에 찌릿찌릿 전기가 흐르는 것 같았다.

또다시 소리가 들려왔다.

콩따다다닥, 콩따다다, 콩딱딱.

꽃님이는 번뜩 이런 생각이 들었다.

'그래, 나도 짝을 구할 때가 된 거야.'

누가 가르쳐 준 적 없지만 꽃님이는 몸에서 일어나는 변화를 알아차렸다. 입에선 저절로 노랫소리가 흘러나왔다.

콩따다라라, 콩딱콩딱, 따라라.

수컷의 소리는 한동안 뚝 멈추었다가 이내 더 크고 우렁차게 들려왔다.

콩따다라라, 콩딱콩딱, 따라라!

수컷과 꽃님이는 점점 더 가까워졌다. 그러다 마침내 희뿌연 물속에서 귀신처럼 스르르 나타난, 꿈에도 그리던 그 수컷은······.

"뭐야, 저번에 봤던 그 왕재수잖아!"

하지만 그새 눈에 콩깍지라도 씌었는지, 수컷의 너덜너덜한 지느러미와 따개비가 떨어져 나간 버짐 같은 자국, 여기저기 바위에 북북 긁힌 자국까지도 무슨 훈장처럼 근사해 보였다.

둘은 누가 먼저랄 것도 없이 다가가 몸을 맞대고 사랑을 나누었다. 덩치가 집채만 한 두 마리 고래의 아름다운 춤에 파도가 부드럽게 일렁였고, 온 바다가 넘실넘실 함께 춤을 추었다. 그 뒤로 둘은 무엇이든 함께 하고 어디든 함께 다녔다.

따뜻한 고향 바다를 누비며 석 달쯤 지났을 때, 멀리 뭍에서 샛노란 개나리꽃이 피어나기 시작했다. 그 무렵 귀신고래들은 다시 하나둘 북쪽 바다로 이동했다. 꽃님이와 수컷도 입에서 단내가 나도록, 귀중한 살이 쪽쪽 빠지도록 부지런히 북쪽을 향해 헤엄쳐 갔다.

꽃님이는 오호츠크해 너머로 가 본 적이 없었다. 하지만 수컷은 자꾸자꾸 북쪽으로 더 올라갔다.

"도대체 어디까지 가려는 거야?"

꽃님이 말에 수컷이 대꾸했다.

"저기 저 북극해로 들어가면 맛난 먹이가 많아. 새끼를 잘 먹이려면 먹이가 많은 곳으로 가야지."

꽃님이는 수컷 고래의 몸이 왜 그토록 상처투성이였는지 그제야 알았다. 풍부한 먹이를 찾아 북극해까지 갔다가 겨울이 되면 갈림길에서 헤어져 동해나 캘리포니아 쪽으로 향하는 고래들이 있었는데, 수컷은 해마다 저 까마득한 북극해까지 오간 것이다.

꽃님이는 자기 몸속에 생긴 새끼를 떠올렸다.

'그래, 싱싱하고 맛좋은 먹이가 넘쳐 난다는 그곳으로 한번 가 볼까?'

꽃님이는 수컷을 따라 그 까마득한 길을 부지런히 헤엄쳐 갔다. 배 속 새끼만 아니라면 고향 바다를 떠나 이렇게 먼 곳까지 여행하지 않았을 것이다. 하지만 북극해로 가는 길목엔 꽃님이가 미처 몰랐던 위험이 곳곳에 도사렸다. 다닥다닥 늘어선 섬과 섬 사이, 귀신고래가 지나는 길목을 범고래 무리가 저승사자처럼 지키고 서 있었다. 수컷이 아무리 덩치 크고 용감하다 해도, 각자 역할을 나눠 치밀하게 작전을 펼쳐 사냥하는 범고래 무리의 공격을 당해 낼 재간이 없었다.

범고래들은 새끼를 배어 움직임이 둔한 꽃님이를 먼저 노렸고, 수컷은 있는 힘을 다해 범고래 떼의 공격을 막았다. 하지만 수컷 혼자 사나운 범고래를 상대하기란 역부족이었다. 결국 수컷은 범고래의 공격에 큰 상처를 입고 숨을 거두고 말았다. 꽃님이는 그저 있는 힘을 다해 달아날 뿐, 할 수 있는 일이 아무것도 없었다.

낯선 북극 바다에 홀로 남겨진 꽃님이는 날이면 날마다 눈물바람이었다. 하지만 배 속에서 무럭무럭 자라고 있을 새끼를 생각하면 마냥 슬퍼

할 수만은 없었다. 눈물을 꾹꾹 참아 가며 새끼에게 먹일 젖을 만들기 위해 부지런히 먹이를 먹고 몸을 살찌웠다. 북극 바다에 넘쳐 나는 작은 새우들은 수컷 말대로 최고의 먹이였다. 그렇게 홀로 여름과 가을을 보낸 꽃님이는 온몸에 으스스 한기가 느껴질 무렵 서둘러 길을 떠났다. 난생처음 새끼를 낳기 위해, 자신이 태어난 고향 바다로…….

빛나는 까만 달

판수 씨 아내 꽃분 씨는 무사히 아기를 낳았다. 아들이었다.

꽃분 씨가 따끈한 미역국을 훌훌 마시는 동안 판수 씨는 갓 태어난 아기의 눈을 한참이나 들여다보았다. 맑고 큰 눈동자는 뭐랄까, 마치 크고 까만 달 같았다. 스스로 빛을 낸다는 보석 명월주에 대해 얼핏 들은 적이 있는데, 그런 보석이 정말 있다면 꼭 아기의 눈 같을 거라고 생각했다.

"고것 참! 손도 발도 내를 쏙 빼닮았구먼."

판수 씨는 늦둥이 앞에 딱 붙어 앉아 연신 싱글벙글했다.

"이 녀석 이름을 뭐라 하면 좋겠소?"

늦둥이보다 열여섯 살이나 많은 첫째는 영순, 둘째는 일군, 셋째는 이군이었다.

"영, 일, 이 다음이니까 요번엔 삼군인데, 삼군이는 왠지 좀……."

판수 씨가 고개를 갸웃거리자 꽃분 씨가 말했다.

"장군은 어떻십니꺼? 내 물질할 때 맨날 보는 장군바우가 있는데, 참 멋지던데예."

"장군바우?"

"요 앞바다에 처용암 안 있십니꺼? 그기 바다 쪽에서 보면 꼭 칼 찬 장군 같아서 그리 안 부릅니꺼. 우리 막내도 나중에 커서 장군 같은 큰사람 되라고……."

"아, 장군이! 딱 좋네. 그걸로 합시데이!"

장군이 막 태어났을 때 판수 씨는 고래잡이배의 이등 갑판원이 되어 있었다. 지난겨울 장생포 앞바다에서 고래를 발견한 뒤 일본인 선장의 눈에 들어 고래잡이배를 타게 되었다. 아직은 허드렛일이나 하는 하급 선원이었지만 가끔 망망한 바다로 가는 뱃머리에 서면 마치 군대를 이끄는 장군이라도 된 기분이 들었다.

이웃들은 고래잡이배를 타게 된 판수 씨를 부러워했다.

"고랫배 선원은 여느 고깃배 타는 이들에 대면 신사인기라."

"하모! 아, 비린내를 뒤집어쓰길 하나, 손이 터지게 그물 손질을 하기를 하나?"

하지만 고래잡이배를 타는 것도 여간 힘든 일이 아니었다. 낮에는 먼 길을 걸어 샘물을 길어다 배 안의 물통을 채우고, 고장 난 장비를 철공소에 가져가 고쳐 오는 따위의 고된 일은 모두 조선인 선원의 몫이었다.

밤사이엔 배를 손질하고 갖가지 도구를 준비하고, 어두컴컴한 새벽에 먼바다로 나가서는 망망대해에서 아침을 맞았다. 이삼 일씩 바다에서 생활하고, 항구로 돌아온 뒤에도 날이 좋으면 또다시 밤샘 준비를 한 뒤 바다로 나갔다.

이등 갑판원은 고래잡이배를 타는 열두 선원 중 열 번째 자리였다. 맨 처음 고래잡이배를 타면 밥 짓고 설거지하는 '화장'이 되고, 그 후 일이 년 지나면 '도방세라'가 된다. 도방세라 역시 잡일을 하는 건 마찬가지였다.

한데 판수 씨는 화장을 건너뛰어 바로 도방세라가 되었고, 일 년 만에 갑판원이 되었다. 그게 다 눈이 좋아서였다. 판수 씨는 늘 가장 먼저 고래를 발견했고, 선장도 포수도 고래를 잡으러 나설 때마다 판수 씨를 앞장세웠다.

"오메! 또 이래 덤을 타 왔능교?"

이틀씩 사흘씩 고래잡이배를 타고 나갔다 돌아오면 판수 씨는 두툼한 돈 꾸러미를 꽃분 씨 앞에 내놓았다. 고래 사냥을 할 때는 잡은 고래를 처음 발견한 사람과 고래를 맞힌 포수에게 가장 큰 포상이 주어졌다. 때로는 큼지막한 고래 꼬리를 한 조각 잘라 주기도 했는데 그 또한 값이 꽤 나갔다.

하지만 아내 꽃분 씨는 마냥 좋아할 수만은 없었다.

"여보, 고랫배 너무 위험한 거 아입니꺼? 왜눔덜 밑에서 일하는 것도 보기 안 좋고……."

늘 걱정 가득한 꽃분 씨에게 판수 씨가 손사래를 쳤다.

"그런 말 마소. 갓난쟁이까지 생겨서 입 하나가 더 늘었는데."

어느새 돌이 지난 장군은 방금 기저귀에 똥 한 무더기를 누고는 빽빽거리며 울었다.

"뭔 눔의 똥을 저리 많이 누노? 볼 때마다 순 똥질인기라."

판수 씨가 말은 그렇게 해도 불면 날아갈까, 만지면 깨질까 장군을 끔찍이도 아끼고 귀여워했다.

"이그, 똥싸개!"

"밥도 엄청 처묵는다아이가!"

이렇게 구박하는 건 언제나 일군과 이군, 두 형제였다. 장군이 태어난 뒤로 심부름만 늘고 엄마와 영순 누나에게 꾸지람을 듣기 일쑤였기 때문이다.

그해 여름, 판수 씨는 멸치 떼를 따라 동해를 찾아온 참고래를 열 번도 넘게 제일 먼저 발견했다. 그때마다 정해진 품삯 외에 발견한 삯까지 챙

기게 되어 판수 씨는 아무리 몸이 고되고 피곤해도 힘든 줄을 몰랐다.

고래잡이배 선원들은 갑판에서도 망대 위에서도 사방을 둘러보며 눈이 빠져라 고래를 찾는다. 선장은 눈 좋은 판수 씨를 일본인 갑판원과 함께 망대 위에 올려 보내는 때가 많았다.

"고래다! 고래가 나타났다!"

일렁이는 파도 사이에서 저 멀리 고래가 보이면 누구라도 목청껏 소리 친다. 그러면 선장은 서둘러 지시를 내려 배를 고래 쪽으로 몰고, 그동안 갑판원들은 각자 맡은 대로 분주하게 사냥 준비를 갖춘다.

"흠, 조금 이따 저쪽에서 다시 올라올 것 같군."

선장은 고래의 종류와 움직임, 바람의 방향과 세기, 물 위를 오락가락 하는 새들의 움직임을 살피며 배를 조종하고, 물속으로 들어갔던 고래가 다음번엔 언제 어디쯤에서 다시 숨 쉬러 올라올지를 가늠했다.

"엔진 정지!"

고래가 어느 정도 가까워지면 선장은 기관실에 지시를 내려 엔진을 끄게 했다. 그래도 배는 나아가던 힘으로 조용히 움직였다. 이삼십 미터 가까이에서 고래가 다시 한번 솟아오르길 기다리는 바로 그때가 고래잡이에서 가장 중요한 순간이다.

포수는 작살포 앞에서 숨죽이고 기다리다가 가늠자 안으로 고래가 들어오는 순간 방아쇠를 당겼다. 뾰족한 작살 끝에는 특별한 장치가 있어서 고래 몸에 박히는 순간 우산처럼 착 펼쳐졌다. 이 때문에 고래가 아무리 몸부림을 쳐도 작살은 절대 빠지지 않았다.

겨울이 다가오면서 참고래가 눈에 띄게 줄고 귀신고래가 나타날 때가 되었다. 일본인 선장은 판수 씨를 좀 더 작은 배에 태웠다. 귀신고래는 바닷가에서 그리 멀지 않은 곳을 오가기 때문에 굳이 큰 배를 몰 이유가 없었다. 작은 나무배에서는 작살포 대신 예전처럼 손작살로 고래를 사냥했다. 고래에게 아주 가까이 다가가 손으로 직접 작살을 내리꽂는 것이다.

판수 씨는 일본인 선원 대여섯과 함께 바다로 나아갔다. 장생포에서 한 시간쯤 되는 거리에 이르렀을 때였다. 하얗게 부서지는 파도 사이로 언뜻언뜻 암초 같은 물체가 보였다. 검푸른 회색빛의 바윗덩이가 쓰윽 하고 움직였다.

"고래다! 구신고래가 나타났다!"

역시 판수 씨가 제일 먼저 발견하고 소리쳤다.

선장은 서둘러 놓을 내리게 하고 귀신고래 쪽으로 배를 몰았다.

가까이 다가가는 동안 선원들은 각자 맡은 위치에서 사냥 준비를 했다. 작살을 단단히 꼬나든 포수는 뱃머리에서 몸을 바다 쪽으로 한껏 내밀었고, 판수 씨는 포수의 발아래에서 그의 종아리를 두 팔로 꽉 붙들었다. 작살을 던진 뒤 포수가 몸의 중심을 잃고 바다에 빠지는 걸 막기 위해서였다.

'그런데 왜 아까부터 계속 한자리에만 머물러 있지?'

판수 씨는 고개를 갸웃거렸다. 고래의 움직임이 아무래도 이상했다.

순간 판수 씨는 멈칫했다. 어미 곁에 아주 어린 새끼가 함께 있었던 것이다.

"오호! 첫 출항부터 대박이야!"

일본인 선원들이 기뻐했다. 그도 그럴 것이, 고래 사냥꾼은 새끼와 함께 있는 어미 고래를 특별히 더 좋아했다. 새끼에게 젖을 물리기 위해 어미는 어느 때보다도 지방질이 풍부하기 때문이다.

어미 고래의 몸길이는 딱 봐도 오십 자, 십오 미터는 족히 될 듯했다.

"저 정도면 기름을 엄청나게 뽑겠는걸."

"고기도 야들야들 쫀득쫀득 훨씬 더 맛나겠지?"

일본인 선원들이 수군거렸다. 하지만 판수 씨는 어쩐지 마음이 편치 않았다.

배와 고래의 거리는 점점 더 가까워졌다. 바로 그때, 판수 씨는 새끼 고래와 눈이 마주쳤다. 어미 고래가 아래쪽에서 이마로 새끼를 물 밖으로 살짝 들어 올려 숨을 잘 쉴 수 있게 해 준 것이다. 새끼 고래는 숨구멍으로 숨을 폭폭 내뱉었다.

새끼 고래의 눈은 까만 달 같았다. 세상에 그처럼 깊고 고요한 눈이 또 있을까? 그야말로 가장 맑고 천진한 눈빛이었다. 판수 씨는 장군이 갓 태어나 처음으로 눈을 맞추던 때를 떠올렸다.

"하나, 둘……."

배가 어미 고래와 오 미터쯤 되는 곳에 이르렀을 때, 포수는 다리에 잔

뜩 힘을 주고 작살을 든 팔을 한껏 들어 올렸다.

"어이쿠!"

포수가 작살을 내리꽂으려는 순간, 포수의 다리를 붙잡고 있던 판수 씨가 제 몸을 홱 비틀며 비명을 질렀고 둘은 바닥으로 나동그라졌다. 포수의 작살은 엉뚱한 곳으로 빗나가고 말았다.

"뭐야, 이놈의 자식! 일부러 그런 거야, 뭐야?"

포수는 다짜고짜 판수 씨를 두들겨 패기 시작했고 선원들이 우르르 달려와 한바탕 소란이 일었다. 황급히 다른 작살을 건네받은 포수가 다시 한번 자세를 잡으려 했지만 귀신고래는 이미 귀신같이 사라지고 없었다.

- 호기심 많은 아기 고래 삐딱이
- 장군아, 고래 들어온다!

고래의 의사소통

고래들은 저마다 다른 소리를 내는데, 귀신고래의 경우 타악기 콩가와 비슷하게 딱딱거리는 소리를 낸다. 귀신고래는 주파수 1,500헤르츠(Hz) 이하의 노랫소리로 의사소통을 한다. 공기주머니를 쥐어짜서 소리를 내는데, 주로 먹이 활동을 하는 북쪽 바다보다는 새끼를 낳는 남쪽 바다에서 많이 들을 수 있다고 한다. 〈바이오사이언스〉라는 국제 저널에 실린 연구에 따르면 고래는 같은 종끼리는 지역별로 다른 주파수의 소리로 의사소통을 하고, 다른 종과는 일종의 공용어를 사용한다고 한다. 다시 말해 같은 종끼리는 자신들만의 고유어를, 다른 종과는 공용어를 사용하는 것이다.

호기심 많은 아기 고래 삐딱이

"휴, 큰일 날 뻔했지 뭐니."

서둘러 몸을 피한 꽃님이는 가슴을 쓸어내렸다.

이럴 땐 일단 배 아래쪽으로 숨어든 다음, 배의 꽁무니 쪽으로 가능한 한 멀리 달아나야 한다.

"아가야, 어서 가자. 어서 가."

꽃님이는 태어난 지 얼마 되지 않아 몸놀림이 서툰 새끼를 데리고 힘겹게 그곳을 벗어났다. 다행히 곳곳에 암초가 있어, 자주 물 밖으로 등을 내밀어야 하는 새끼를 종종 쉬게 할 수 있었다.

"아무래도 아까 그 사람, 우릴 살려 준 것 같아. 그렇지, 아가야?"

꽃님이는 고래잡이배 위에서 자길 빤히 쳐다보던 그 사람의 눈을 잊을 수가 없었다.

'참 이상한 일이야.'

꽃님이는 생각했다. 몸을 잔뜩 웅크린 채 바다를 주시하던 그는 꽃님이와도 새끼와도 분명히 눈이 마주쳤다. 한데 어느 순간 그 눈이 반짝 빛

나더니 제 몸을 비틀어 작살 던지는 이를 넘어뜨렸다.

땅 위 사람들이 종종 바닷속 고래를 붙잡아 간다는 건 알고 있었지만 이렇게 고래잡이배와 맞닥뜨릴 줄은 꿈에도 몰랐다.

"사람들이 뾰족한 걸 던지면 절대로 살아남지 못해. 그게 몸에 박히면 운이 좋아 멀리 달아난다 해도 곧 죽고 말아."

고래들 사이에 떠도는 말이었다.

그해 겨울, 꽃님이는 동해 곳곳을 조심스럽게 다니며 새끼에게 젖을 먹였다. 새끼 고래는 지방이 풍부한 어미의 젖을 먹으며 하루가 다르게 쑥쑥 몸을 키워 갔다.

꽃님이는 한시도 떨어지지 않고 등이며 옆구리에 딱 달라붙어 있는 새끼에게 종종 아빠 이야기를 들려주곤 했다.

"네 아빠는 말이지, 솔직히 첫인상은 별로였어. 하지만 이 세상에서 누구보다도 용감하고, 호기심 많고, 헤엄도 잘 치고, 모험심 강한 멋진 분이었단다."

새끼 고래는 알아듣지도 못하면서 늘 어미 소리에 고개를 까딱거렸다.

"아가야, 너도 그렇게 씩씩하게 자라야 해. 알았지?"

고래 세상은 먹을 것 걱정 없이 서로 깍듯이 위해 주고 도와주는 평화로운 세상이다. 하지만 이 넓은 바다 곳곳에는 위험한 일도 참 많았다. 온 바다가 뒤집힐 듯 거칠게 몰아치는 폭풍우, 귀신고래의 천적 범고래, 그리고 점점 더 많아지는 고래잡이배들……. 언젠가는 품을 떠나 홀로 세상을 헤쳐 나가며 살아야 할 새끼가 꽃님이는 너무도 안쓰럽고 염려되었다.

그런 새끼가 이제 '꽁딱, 딱딱, 또르륵' 하고 제법 또렷하게 말을 하기 시작했다.

"엄마, 맘마……."

"오냐 오냐, 이리 온."

꽃님이는 천천히 몸을 옆으로 눕히고 새끼를 끌어다 젖을 먹였다.

"엄마, 저기……."

"으응, 저건 거북!"

새끼는 꼴깍꼴깍 젖을 먹으면서도 사방팔방 두리번거렸다. 제 아빠를 닮아 호기심이 꽤 많아 보였다.

좀 더 지나자 새끼는 혼자 이리저리 마구 헤엄쳐 다니기 시작했다.

"절대로 엄마 눈에서 벗어나면 안 된다. 알았지?"

이제 얼마 후면 북쪽 바다를 향해 먼 여행을 시작할 터, 새끼에겐 태어나 처음 겪는 고된 일이 될 것이다. 또 여행이 끝난 뒤에는 부지런히 먹이를 먹어야 하니, 바닥을 훑어 먹이 걸러 먹는 연습도 해야 할 것이다. 꽃님이는 자꾸만 까불거리는 새끼를 붙잡아 놓고 여러 가지 헤엄치기 연습을 시키고 먹이 걸러 먹는 연습도 시켰다.

한데 날이 갈수록 이 녀석이 여간 부잡스러운 게 아니었다. 숨을 잔뜩 들이켜다 나무토막을 발견하고는 무턱대고 뒤따라가질 않나, 깊이 잠수하는 와중에 멀리서 들려오는 쿵쿵 소리를 따라 노래를 부르질 않나, 또

엉뚱하게도 돌멩이며 산호 따위를 잘못 삼켜 캑캑거리곤 했다.

어찌나 앞뒤 안 가리고 까불거리는지 벌써 왼쪽 주둥이에 커다란 상처가 몇 개나 생기고 말았다. 그러고 보니 아주 어릴 적에 생겼다던 수컷 고래의 왼쪽 주둥이에 난 상처들이 떠올랐다.

"휴, 제 아빠랑 꼭 닮았어. 정말 못 말린다니까!"

이제 날이 조금씩 풀리고 저 먼 남쪽 나라에서 남실남실 봄기운이 올라올 무렵, 꽃님이는 새끼를 데리고 여행을 시작했다. 제 아빠를 닮아 쉴 새 없이 까불거리고 장난만 치려는 이 녀석을 데리고 어찌 살아가야 할지 참으로 막막하고 아득했다.

"앗, 저기 또 나무토막! 엄마, 저거 갖고 가도 돼요?"

"앗, 저기 또 거북이! 엄마, 우리 저거 타고 가면 안 돼요?"

갈 길은 바쁜데 새끼는 물범처럼 발랑 몸을 뒤집은 채 지느러미를 팔랑거리며 장난만 쳤다.

"에휴!"

꽃님이의 입에선 절로 한숨이 푹푹 새어 나왔다.

장군아, 고래 들어온다!

"이놈의 조선인!"

"네놈 때문에 다 잡은 고래를 놓쳤잖아!"

판수 씨는 일본인 포수에게 무지막지하게 얻어맞았다. 온몸에 멍이 들고 이가 두 개나 부러질 정도였다. 선장이 말리지 않았다면 판수 씨는 바닷물에 던져져 상어 밥이 되었을지도 모른다.

그 일이 있고 나서 판수 씨는 한동안 고래잡이배를 타지 못했다. 얻어맞아 벌겋게 충혈된 눈이 퉁퉁 부어서 배를 타도 제 몫을 할 수 없었을 것이다. 다행히 눈이 다 나을 때쯤 일본인 선장이 다시 판수 씨를 불렀다.

판수 씨는 귀신고래 어미, 새끼와 눈이 마주쳤던 일을 잊을 수가 없었다. 너무나도 맑고 투명하게 빛나던 크고 까만 눈동자는 시간이 갈수록 판수 씨의 기억 속에서 맑은 밤하늘의 보름달처럼 더욱 또렷해지는 것만 같았다.

그 무렵 한반도 주변 바다엔 고래들이 넘쳐났고, 그중에서도 제일 많은 녀석들이 바로 귀신고래였다. 한데 이 귀신고래는 물 위로 솟구치는 일이 별로 없고, 몸 빛깔은 물빛이나 바위 색깔과 큰 차이가 없어서 눈에 잘 띄질 않았다. 머리만 쑥 내밀었다 귀신같이 사라져 버릴 때가 많으니 이 녀석들을 잡으려면 판수 씨처럼 눈 밝은 선원이 꼭 필요했다.

딸린 입이 여럿인 데다 늦둥이까지 둔 판수 씨는 두 번 다시 쫓겨나지 않으리라 마음먹었다. 일본인들에게 더러운 욕을 얻어먹더라도 겨우 붙잡은 밥줄을 놓칠 수가 없었다.

"저기요, 저기! 고래가 나타났심더!"

좋은 장비를 갖춘 일본의 고래잡이배는 판수 씨가 찾은 고래를 거의 놓치는 법이 없었다. 하지만 바윗덩어리 같은 귀신고래가 잡혀 올라올 때마다 판수 씨는 기쁘기는커녕 혹시나 하며 가슴을 졸였다.

'휴, 다행히 그때 그 녀석은 아닌 것 같군.'

판수 씨는 한숨을 내쉬었다. 그해 한반도 바다에선 늦가을에서 초봄까지 무려 이백여 마리의 귀신고래가 붙집혀 올라왔다. 동해는 그야밀로 귀신고래의 바다, 장생포는 귀신고래의 포구였다. 쓰임이 많은 고래는 잡을수록 더 많이 필요했고, 고래기름과 고기를 찾는 이들도 자꾸자꾸 늘었다.

봄이 되자 귀신고래들이 북쪽으로 이동하기 시작했다. 고래는 계절마다 사는 곳을 옮겼고, 한반도에 고래가 없는 철이면 고래잡이배들은 더 먼바다로 나아갔다. 귀신고래를 따라 북쪽으로 함께 올라가거나 아득히 먼 열대 바다로 나가 대왕고래나 향고래를 잡기도 했다. 또 아예 북극이

나 남극 같은 지구 끝으로 가서 긴수염고래와 북극고래, 보리고래 들을 잡기도 했다.

　일본의 고래잡이배는 성능이나 장비 기술이 날로 발전했다. 크고 빠른 고래를 쫓기 위해 배의 규모도 커지고 방향 장치 성능도 좋아졌으며 커다란 작살 대포까지 펑펑 쏘았다. 먼바다로 나아가는 큰 철선에는 작은 배 여러 척이 딸려 있는데, 작은 배들이 사냥한 고래를 큰 배로 끌고 와

차곡차곡 모았다. 그러고는 배 위에서 고래를 해체해 고기를 저장했다. 예전에는 잡은 고래를 육지로 가져와 해체하고 기름을 내었지만, 이제는 큰 배 위에서 바로 작업할 수 있게 된 것이다.

'지독한 놈들…….'

바다를 온통 들쑤시며 고래를 잡아들이는 일본인을 보며 판수 씨는 혀를 내둘렀다. 한편으로는 서양 기술을 금세 배워 더 훌륭하게 척척 써먹는 것이 참 대단하다는 생각도 들었다.

판수 씨가 여러 달씩 먼바다로 나가 고래를 잡는 동안, 막내 장군은 몰라보게 쑥쑥 자랐다.

"아빠, 아빠. 고래, 고래!"

아빠를 반기는지, 판수 씨가 가져온 고래고기를 반기는지, 장군은 울다가도 판수 씨가 돌아오면 눈물을 뚝 그치고 달려들었다.

장군이 다섯 살 무렵엔 고래 잡으러 간 아빠한테 가겠다며 무딕대고 떼를 쓰곤 했다.

"아유, 야가 와 이라노? 장군아, 장생포엘 갈라믄 여서 산을 하나 넘어야 한다."

장군네 집은 장생포와 뚝 떨어져 있는 개운포 부근이었다. 북쪽 봉태산 자락을 넘지 않으면 배를 타고 빙 돌아가야 한다. 어떻게 가도 한 시간은 족히 넘는 거리였다. 개운포 앞바다에서 물질하는 엄마랑 영순 누나를 보려고 종종 산꼭대기 바위까지 오르면, 장군의 눈에는 그저 횡한 개운포 바다의 염전과 물 위에 둥둥 떠 있는 작은 무인도 처용암만 보였다.

"고래다, 고래! 고래가 왔다!"

진짜 고래를 한 번도 본 적이 없는 장군은 처용암을 보며 빽빽 소리를 질러 댔다. 아닌 게 아니라, 어찌 보면 처용암은 고래가 커다란 머리와 등을 물 위로 드러낸 채 강줄기를 따라 거슬러 오르는 모습 같기도 했다.

그때쯤 장군보다 열 살 많은 둘째 형 이군이 아버지 판수 씨를 따라 고래잡이배에서 일을 했다.

"우리 아들도 내만치 눈이 밝다아입니꺼. 그라이까네 고랫배 좀 태와 주이소."

조선 사람은 고래잡이배를 쉽게 탈 수 없었지만, 판수 씨가 특별히 부탁하고 사정하여 둘째는 다른 고래잡이배에서 밥 짓는 일을 하게 되었다.

그 대가로 판수 씨는 일본인 선장에게 약속했다.

"내가 이번 출항에서 눈이 빠지는 한이 있어도, 꼭 향고래 세 마리를 찾아 주겠심더."

향고래는 온갖 고래 중에서도 귀한 기름을 가장 많이 얻을 수 있었다. 최상급인 향고래 기름은 태워도 그을음이 나지 않고 은은하게 풍기는 향도 좋았다.

둘째 형까지 고래잡이에 나서니 철없는 막내 장군은 더 안달이 났다.

"내도 고래 잡으러 갈끼다!"

툭하면 '고래, 고래' 노래를 부르던 장군은 일곱 살이 되어서야 처음으로 진짜 고래를 보았다.

"고래 들어온다!"

큰 고래가 잡혀 들어오면 장생포뿐 아니라 울산 전체에 금세 소식이 퍼져 사방팔방에서 구경꾼들이 몰려들었다.

"이참에 내도 꼭 고래 볼끼다."

장군은 코흘리개 친구 덕팔과 함께 기어코 봉태산 자락을 넘어 장생포로 달려갔다.

"와아!"

장군은 딱 벌어진 입을 한동안 다물 수가 없었다.

"고래는 말이다, 집채만큼이나 커다랗데이. 고래 무게를 잴라믄 저울 반대쪽에 니만 한 꼬맹이 몇천 명은 올라가야 할끼다."

그동안 말로만 들었던 얘기가 손톱만큼도 거짓이 아니었다. 그야말로 집채만 한 고래기 꼬리에 굵은 밧줄이 묶인 채 끌려오는 모습이 눈으로 보고도 믿어지지 않았다.

"참말로 어마어마하데이!"

저렇게 큰 고래가 어찌 물고기랑 같이 바닷속에서 헤엄쳐 다니는 걸까? 장군은 신기하기 짝이 없었다. 입속에 수염이 달린 것도, 머리 위에 달린 숨구멍으로 분수처럼 물을 죽죽 뿜는 것도, 알이 아니라 새끼를 낳아서 사람처럼 젖을 먹여 키운다는 것도……. 말로만 듣던 그 모든 신비하고 놀라운 이야기가 장군의 머릿속을 스쳐 갔다.

잠시 뒤, 구름처럼 몰려든 사람들을 헤치고 어떤 이가 고래 몸에 사다리를 걸치고 오르기 시작했다. 그 모습이 꼭 적군을 물리치고 성을 정복한 장군처럼 늠름해 보였다. 허리춤에 벽돌만 한 숫돌을 찬 해부장이었다. 그는 작대기가 달린 크고 무시무시한 칼을 번쩍 들어 고래 몸을 쩍 갈랐다.
　"와아, 고래 깨진다!"
　모여든 사람들이 탄성을 내뱉었다.
　잿빛의 두툼한 고래 살갗이 갈라지면서 속살이 훤히 드러났다. 곱디고운 복숭아 빛깔이었다. 해부장이 칼을 몇 번 휘둘러 큰 조각으로 나눈 뒤

여러 일꾼들에게 이런저런 지시를 내렸다. 그러자 아래쪽에 있던 일꾼들이 큰 조각을 작게 자르기 시작했다. 집채만 한 고래는 점점 무너져 내려 흉측하게 변해 갔고, 몸속 내장은 바닥에 축축 쏟아져 흘렀다.

 장군의 입으로 뭔가 짭짤한 게 흘러 들어왔다. 온종일 핥아 먹던 콧물 맛이 아니었다. 그보다 좀 더 밍밍하고 단맛도 덜한 게, 저도 모르게 흐르던 눈물이었다. 이내 귀신고래 한 마리는 토막토막 잘려 이리저리 옮겨지고, 해가 질 무렵엔 그 자리에 흥건한 핏물만 남았다.

 무참히 해체되는 고래를 본 뒤로 장군은 아버지 판수 씨가 일을 나갈 때마다 뜯어말렸다.

"아부지요, 인자 고래 잡지 마이소!"

"무슨 씰데없는 소리고. 내가 고래 잡나? 왜놈들이 잡지! 나도 뭐 고랫배 타고 싶어 타는 거 아이다."

실은 판수 씨도 내내 신경이 쓰였다. 고래가 잡혀 올라올 때마다, 특히 모성애가 유별나다는 귀신고래가 붙잡힐 때마다 왠지 죄를 짓는 것만 같고 미안한 마음이 들었다. 더구나 해체장으로 끌려와 온몸이 갈기갈기 찢기는 고래를 볼 때면 차마 안타까워 눈을 질끈 감곤 했다.

아버지 말에 장군은 콧김을 씩씩 내뿜었다.

"아부지가 고래를 척척 찾아 주니까 일본 놈들이 막 잡는다아입니꺼!"

"짜슥! 인마가 인자 다 컸는갑다. 장군아, 아부지가 고래를 안 찾으믄 우리 식구는 뭘 먹고 사노? 아부지가 배를 타야 내년에 니도 핵교를 댕기는기라."

뽀로통한 장군에게 판수 씨가 누룽지 같은 걸 한 줌 내밀었다. 입에 넣고 오독오독 씹으니 누룽지보다 백배 천배는 더 고소하고 맛있었다.

"아부지요, 이게 뭐라요?"

"고래 과자다, 짜슥아."

고래 껍질을 푹푹 끓여 기름을 쪽 빼낸 뒤 남은 것이었다. 장생포 사람들은 그걸 간식으로 즐기기도 하고, 선원들은 주머니에 넣어 다니며 허기를 달래기도 했다.

- 빗나간 작살
- 장군, 고래를 만나다

귀신고래의 식사

귀신고래는 다른 수염고래와 달리 바다 밑바닥에 있는 작은 새우 종류와 물고기 알, 해삼 등을 훑어 먹는다. 다 자란 어른 수염고래가 하루에 먹는 양은 1.5~2톤 정도다.

이처럼 바닥의 침전물을 뒤져 가며 먹이를 찾기 때문에 바닷물과 유기물이 잘 뒤섞이게 해서 해양 생태계의 순환에 큰 도움을 준다고 한다. 하지만 이런 독특한 식습관으로 머리 부분에 상처가 많이 나기도 한다. 특히 주로 오른쪽으로 훑기 때문에 오른쪽에 상처가 많다.

귀신고래는 바닥에서 먹이를 찾는 데다 다른 수염고래들에 비해 숨을 오래 참지 못하기 때문에 비교적 수심이 얕은 해안 지대에 주로 머문다.

빗나간 작살

"아유! 잘 좀 보고 제대로 따라하란 말이야."

꽃님이는 또 한번 시범을 보였다. 물 위로 등을 내밀고 네댓 번 숨을 들이마신 뒤 쏜살같이 바다 밑바닥으로 내려갔다. 그러고는 목주름을 활짝 펴고 몸을 오른쪽으로 눕힌 채 입을 쩍 벌려 바닥을 훑었다. 이때 꼬리지느러미를 힘차게 내저으며 온몸을 앞으로 밀고 가는 게 중요하다. 물과 흙, 작은 돌멩이와 함께 갖가지 먹이가 입속으로 빨려 들어오면 다시 몸을 똑바로 하고 목주름을 접으며 입을 적당히 나물어서 물과 흙을 혀로 밀어낸다. 그러면 새우, 해삼, 멍게처럼 맛난 먹이만 쪽쪽 걸러 꿀꺽 삼킬 수 있었다.

한데 어린 고래는 번번이 오른쪽이 아니라 왼쪽으로 몸을 눕혔다.

"쳇! 꼭 오른쪽으로만 누우란 법 있어요? 이렇게 해도 얼마든지 먹이를 먹을 수 있다고요. 냠냠!"

말썽은 거기서 그치지 않았다.

"아유, 그쪽으로 가지 말라니까! 도대체 누굴 닮아 저렇게 말을 안 들는 거야?"

어린 고래는 이번엔 사람들이 탄 작은 배 쪽으로 헤엄쳐 갔다. 다행히 고래잡이배는 아니었지만 꽃님이는 불안하기 짝이 없었다. 한번은 기다란 해초를 몸에 친친 감았다가 숨구멍이 막혀 죽을 뻔한 적도 있었다. 또 물 위에 둥둥 떠다니는 고무바퀴 같은 걸 한없이 뒤쫓다가 범고래와 맞닥뜨려 꽁무니에 불이 나도록 내빼기도 했다.

하지 말라는 짓만 골라 하다 보니 어느새 어린 고래의 이름은 '삐딱이'가 되어 있었다.

"어머머, 쟤 좀 봐. 희한하게 왼쪽으로 누워 바닥을 훑고 있어."

다른 고래들 얘기를 듣고 돌아보면 영락없이 삐딱이였다.

"휴, 이제 좀 떨어져 혼자 살 만도 하련만……."

귀신고래는 길어야 오륙 년이면 부모에게서 떠나 혼자 살아간다. 한데 삐딱이는 따개비처럼 제 어미에게 딱 달라붙어 떨어지질 않았다.

삐딱이가 태어난 뒤로 열 번째 겨울이 찾아왔다. 북쪽 바다가 한결 더 싸늘한 한기로 휩싸일 무렵, 귀신고래 무리는 하나둘씩 남쪽으로 길을 떠나기 시작했다.

"엄마, 나 배고픈데 젖 좀 먹으면 안 돼요?"

삐딱이 말에 꽃님이는 머리에 붙은 따개비가 툴툴 떨어져 나갈 만큼 크게 웃음을 터뜨렸다.

"기가 막혀 말이 안 나오네. 이 녀석아, 네가 지금 몇 살인지 알아? 이제 한두 해만 더 있으면 너도 다 큰 어른이야!"

덩치만 컸지 철딱서니라고는 눈곱만큼도 없는 게 꼭 제 아빠를 빼닮았다.

삐딱이는 꽃님이 말에 삐졌는지 고개를 홱 돌렸다.

"힝, 배고프단 말예요. 젖 안 주면 그냥 아무거나 막 잡아먹을래요."

삐딱이가 멀찍이 지나가는 작은 물고기를 보며 말했다.

"아서! 그러다 힘 빠지면 더 배고파."

하지만 삐딱이는 엄마 말을 듣지 않고 휘적휘적 헤엄쳐 갔다.

"애야, 어디 있니?"

콩따다닥, 콩따다다다다닥!

꽃님이가 크게 소리 높여 불렀다. 작은 물고기를 잡겠다고 사라진 삐딱이가 보이질 않았다. 잠시 후 되돌아온 삐딱이는 그새 기운이 쭉 빠져서 가슴지느러미가 아래로 축 처져 있었다.

"쯔쯔쯧, 조금만 기다리렴. 곧 훑기 좋은 바닥이 나타날 테니까."

꽃님이는 삐딱이를 밀고 끌며 남쪽을 향해 하염없이 헤엄쳤다.

그렇게 두 달쯤 이동을 계속한 꽃님이는 수면 가까이 헤엄치다 문득 멈추었다. 물 위로 불쑥 솟아올라 수면 위로 눈을 빠끔 내밀고는 주변을 천천히 살폈다. 서쪽에 뚝 떨어진 육지 위로 높이 솟은 산이 보였다.

"그래, 바로 이곳이야."

꽃님이는 한동안 등을 물 밖으로 내민 채 푸우, 푸우, 숨을 몰아쉬었다. 삐딱이도 그 까닭을 알고 엄마를 따라했다. 꽃님이와 삐딱이는 숨을 들이쉬고 내뱉기를 하다가 이내 물속 깊이 잠수해 들어갔다.

눈부신 햇살이 들어오는 맑은 물속에 빛 그림자가 너울너울 춤을 추었다. 바닷속 깊이 들어갈수록 향긋한 냄새가 코끝에 퍼졌다. 해초 냄새였다. 이런 곳에는 귀신고래의 먹이가 될 만한 작은 갑각류도 넘쳐났다. 백오십 미터쯤 더 내려가자 빛줄기가 약해져 바닷속 전체가 희끄무레했다. 우거진 해초밭 옆으로 펼쳐진 보들보들한 펄밭을 찾아낸 삐딱이가 꼬리지느러미를 팔팔 흔들며 기뻐했다.

"와우! 뒹굴면서 놀기에 딱 좋겠어요!"

꽃님이가 혀를 끌끌 찼다.

"어서 배나 채우렴."

어느 정도 배를 채우자 신이 난 삐딱이가 또다시 까불기 시작했다.

"엄마, 우리 저기 저 육지 쪽으로 가 보면 안 돼요? 사람들은 지느러미도 없이 어떻게 사는지 너무너무 궁금해요."

그때 어디선가 통통거리는 소리가 들려왔다. 왠지 불안한 느낌이 들었다. 꽃님이는 단박에 알 수 있었다. 나무배 위에서 사람들이 분주하게 뛰어다니는 소리였다. 작은 고깃배거나 아니면 규모가 좀 작은 고래잡이배가 틀림없었다.

"삐딱아, 어서 저쪽으로 가자."

하지만 잔뜩 궁금증이 난 삐딱이는 통통 소리가 나는 쪽으로 고개를 돌렸다.

"엄마, 나 사람들한테 물어볼 게 좀 있어요."

"어서 이리 와! 위험해."

"하지만 작은 배잖아요. 고래잡이배가 아닐 거예요."

삐딱이가 소리 나는 쪽으로 휘적휘적 헤엄쳐 가며 말했다.

"엄마도 알죠? 사람들이 다 나쁘진 않잖아요. 옛날에 어떤 사람이 우릴 구해 준 적도 있는걸요."

삐딱이는 태어난 지 얼마 되지 않았을 때의 일을 기억하고 있었다. 두 고래와 눈이 마주쳤던 그 사람은 일부러 제 몸을 비틀어 작살이 빗나가게 해 주었다. 삐딱이는 그 장면을 또렷이 기억하고 있었고, 나중에야 그게 어떤 상황이었는지를 이해할 수 있었다.

배를 향해 출랑출랑 헤엄치는 삐딱이를 꽃님이가 말리며 따라붙는 사이 둘은 나무배에 성큼 가까워졌다. 삐딱이가 물 위로 고개를 빼꼼 내미는 순간 사람들이 소리쳤다.

"지금이야!"

"던져!"

그 소리와 함께 긴 작살 하나가 삐딱이를 향해 쌩 날아왔다.

"아아……!"

삐딱이 눈에 불꽃이 번쩍했다. 다행히 날카로운 작살 끄트머리가 왼쪽 눈두덩 위를 살짝 스쳐 지나갔다.

나무배는 하나가 아니라 둘이었다. 귀신고래 어미와 새끼를 발견한 사람들은 한쪽 배에서 발소리를 쿵쿵 내며 주의를 흩뜨리고 다른 배를 고래 가까이로 조용히 접근시킨 것이다. 또 그 주변 한쪽에는 아주 커다란 철선이 마치 섬처럼 쥐 죽은 듯 고요히 서 있었다.

"얘야, 어서 물속으로 들어가! 깊이깊이!"

꽃님이가 가쁜 숨을 쉬기 위해 등을 슬쩍 내미는 순간, 커다란 철선에서 뭔가 폭발하는 소리가 들려왔다. 작살 대포였다.

쿵!

꽃님이의 몸속 깊은 곳에서 큰 충격과 힘께 진동이 울렸고, 온몸이 돌덩이처럼 뻣뻣하게 굳는 듯했다. 곧이어 몸속에서 또 한번 불덩어리 같은 게 터졌고, 꽃님이는 힘없이 축 늘어졌다.

사람들이 작살 끝에 매달린 줄을 잡아당기자 꽃님이가 작살에 꽂힌 채 커다란 배 쪽으로 힘없이 끌려갔다.

"얘야, 어서 도망쳐. 어서, 어서…….”

삐딱이는 그 자리에 꽁꽁 얼어붙고 말았다. 시간도 뚝 멈춰 버린 것 같았다. 배 위에선 사람들이 펄펄 뛰며 환호하고, 커다란 철선에선 '드르르

륵, 쿵쿵쿵쿵!' 엔진 소리와 기계 소리가 요란했다. 하지만 삐딱이 귀엔 아무 소리도 들리지 않았다. 한쪽 눈은 후끈거리고, 작살에 꽂혀 힘없이 끌려가는 엄마 모습만 눈앞에 아른거렸다.

"아, 엄마. 엄마……."

꽃님이는 큰 배 위로 끌려 올라갔고 사람들은 튼튼한 밧줄로 꽃님이 꼬리를 단단히 묶었다. 그러는 사이에도 꽃님이는 안간힘을 다해 부르짖었다.

"어서 가, 어서. 얼른 달아나란 말이야……."

삐딱이는 퍼뜩 정신을 차렸다. 늘 장난만 치고 삐딱하게 굴던 삐딱이였지만 이번만큼은 엄마 말을 듣지 않을 수 없었다. 찢어진 눈두덩에서 피가 흐르는 줄도 모르고, 눈에선 눈물이 철철 흐르는 줄도 모르고, 삐딱이는 무턱대고 달아나기 시작했다. 어디로 가야 할지도 알 수 없었지만, 온 힘을 다해 꼬리를 흔들며 빠르게 빠르게 헤엄쳐 갔다.

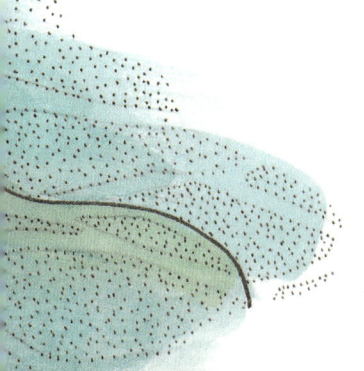

장군, 고래를 만나다

　장생포 앞바다에 죽도가 있다면 개운포에는 처용암이 있었다. 한여름에 장생포 아이들이 죽도까지 헤엄치기 시합을 하듯, 개운포 아이들도 처용암까지 헤엄치기를 했다. 물장구치고 헤엄치다 지루해지면 아이들은 높은 곳에서 물로 뛰어내리는 시합을 했다. 처음엔 낮은 곳에서 시작해, 점점 더 높은 곳에 올라 뛰어내렸는데, 시합 때마다 배짱 좋고 힘도 센 덕팔이 매번 이겨 대장이 되었다.
　처용암은 놀거리가 다양한 아주 특별한 놀이터였다. 아이들은 수달을 쫓기도 하고 바위에 다닥다닥 붙은 굴을 따 먹기도 했다. 곳곳에 숨을 만한 곳이 많아 숨바꼭질하기에 좋았고, 널찍한 터가 있어서 뛰어놀기에도 안성맞춤이었다.
　처용암에는 까마득한 옛날, 동해 용왕이 일곱 왕자를 데리고 나타나 춤을 추었다는 전설이 전해 내려왔다. 일곱 왕자 중 하나가 처용이었는데, 마을 사람들은 지금도 그를 위해 제사를 올리곤 했다. 그 때문에 처용암 여기저기 타다 만 양초가 눌어붙어 있거나 제사를 지낸 흔적들이 흩어져 있어서 좀 으스스했지만, 어쩌면 그래서 아이들에게는 더 신비롭고 은밀한 장소였다.

장군은 꿈속에서 처용암을 쏙 빼닮은 귀신고래와 함께 신나게 바닷속을 누볐다. 장군과 친구가 된 귀신고래는 처용암만큼 커다래서 무시무시한 상어도 단번에 물리치고, 일본의 고래잡이배쯤은 물을 뿜어 홀딱홀딱 뒤집어 버렸다.

"푸우우!"

귀신고래는 장군을 등에 태운 채 바다를 박차고 하늘 높이 솟구쳐 올랐다. 장군은 고래를 타고 산 너머로 구름 위로 훨훨 날아다니며 새총을 퉁, 퉁 쏘았다. 장생포에 가면 죽은 고래밖에 볼 수 없었지만, 장군은 꿈속에서 종종 그렇게 살아 있는 고래와 맘껏 놀았다.

"아부지, 우리도 장생포로 이사 가입시더. 그래야 맨날 고래 구경하제."

장군은 허구한 날 이사 타령을 했지만 판수 씨와 꽃분 씨는 들은 척도 하지 않았다. 판수 씨가 고래잡이배를 타면서 조금씩 사들인 땅도 개운포에 있고, 꽃분 씨도 물질하는 개운포 바다를 떠날 수 없었다.

"힝! 장생포 아이들 참말로 부럽데이."

장생포에서는 고래를 자주 볼 수 있는 데다 아무 때나 고래 과자를 먹을 수 있었다. 개운포 부근에서는 가끔 멸치 후리막*에서 삶은 멸치를 탁탁 털어 낼 때 바닥에 떨어진 부스러기를 주워 먹는 게 고작이었.

장군은 친구 덕팔이랑 한 시간을 걸어 장생포로 고래 구경을 다녔다.

작은형이 고래잡이배를 타러 가는 날엔 형의 나룻배를 얻어 타고 방어진 항을 거쳐 장생포까지 가기도 했다.

"개운포에도 고래가 올라오면 얼매나 좋겠노?"

장군은 투덜거리며 개운포 앞바다를 바라보았다. 어머니와 영순 누나는 동네 해녀들과 함께 물질을 해서 해삼, 멍게 따위를 땄다. 재수가 좋은 날은 큼직한 문어를 건져 올렸다.

"고래야, 내랑 놀자!"

장군의 눈에는 앞바다에 둥실 떠 있는 처용암이 뭍을 향해 헤엄쳐 오는 고래처럼 보였다. 맘만 먹으면 씽씽 헤엄쳐 가서 고래 등에 올라타 꿈속처럼 신나게 뒹굴며 함께 놀 수 있을 것 같았다.

상상 속에서 귀신고래가 막 숨을 쉬러 물 위로 솟구칠 때, 마침 어머니도 물 위로 고개를 내밀며 참았던 숨을 내쉬었다. 퍼뜩 정신을 차린 장군이 소리쳤다.

"어매요, 마이 땄소? 마이 걷었으면 얼른 장에 가자!"

꽃분 씨는 손사래를 쳤다.

"이그, 말도 마라! 오늘은 하나도 안 잽힌다!"

바다에서 딴 해산물을 내다 팔려면 큰 장이 열리는 장생포나 방어진으로 가야 했다. 어머니 꽃분 씨가 장에 가면 장군도 따라가서 고래 구경도 하고 고래 과자도 얻어먹고 싶었던 것이다.

물에서 나온 꽃분 씨와 영순 누나는 주섬주섬 옷과 도구를 챙겨 집으로 향했다.

"야, 이거 니 묵으라."

영순이 해삼 두 개를 장군의 손에 건네며 말을 이었다.

"그라고, 날 추운데 감기 걸리게 싸댕기지 말고 얼른 집에 들어온나. 덕팔이가 열병이 나 가지고 끙끙거리더만 오늘 아침에 병막으로 끌려갔다카더라."

"뭐어? 열병?"

맨날 딱 붙어 놀던 단짝 덕팔이 어디 갔나 했더니……. 오늘 덕팔이 있었다면 처용암으로 건너가 새총 쏘기 시합을 했을 터였다.

일본인은 전염병을 막는다는 구실로 병막이라는 걸 만들어 환자들을 따로 가두었다. 하지만 일본인이 병막에 들어가는 일은 거의 없었고, 조선인은 조금만 열이 있어도 그곳에 억지로 집어넣었다. 조선 사람들은 불만이 많았지만, 나라 잃은 백성으로서 그저 울분을 꾹꾹 삼킬 뿐이었다.

"짜슥, 맨날 그리 힘자랑을 해 샇더만 우짜다가 열병에 걸리뻤노……."

장군은 새총에 손톱만 한 돌멩이를 하나 걸고 힘껏 당겼다. 스무 걸음쯤 떨어진 빨간 조개껍데기를 딱 맞혔다. 가끔 남의 집 장지문을 뚫거나 장독을 깨 먹어 혼이 나곤 했지만, 장군의 새총 솜씨는 동네 어른도 알아줄 정도였다.

한참 새총을 쏘아 대던 장군은 돌멩이를 툭툭 차며 집으로 향하려다 문득 처용암을 바라보며 손을 흔들었다.

"장군바위, 아니 고래야, 잘 있거래이. 내일 또 보자."

그런데 그 순간 처용암 끝자락에 바윗덩어리 하나가 둥둥 떠올랐다가는 가라앉았다. 그 바람에 물결이 크게 출렁거렸다.

'이상하네.'

곧 날이 저물 때라 또렷이 보이지는 않았지만 분명 바위가 아니라 꾸물꾸물 움직이는 커다란 생명체였다.

"저거 혹시 고, 고래 아이가……?"

장군은 귀신고래가 물속에 있을 땐 꼭 바윗덩어리를 빼닮았다는 아버지 말이 떠올랐다.

고래는 무슨 까닭인지 처용암 앞쪽을 허둥거리듯이 오락가락했다. 그러다 이내 지쳤는지 한쪽 구석에서 등을 내놓고 몇 번이나 '푸우푸우' 숨을 몰아쉬었다.

"고래야, 니 거서 뭐 하노?"

장군이 외치는 소리를 들었는지 고래는 고개를 번쩍 들어 뭍 쪽을 바라보았다. 그러고는 다시 허우적허우적 처용암 둘레를 왔다 갔다 했다.

"이상하네. 와 저라노?"

장군은 살아 있는 고래를 이렇게 가까이에서 보는 것이 처음이었다. 틀림없이 뭔가 안 좋은 상황에 처한 것 같았다.

"쫌만 기다리라! 내가 도와주께!"

장군은 곧장 집으로 내달렸다. 마침 그날 작은형 이군이 뱃일을 마치고 돌아와 집에서 쉬는 중이었다. 형은 오늘 밤 늦게 다시 장생포로 가서 새벽녘에 고래잡이배를 탄다고 했다. 장군은 무턱대고 작은형의 손을 붙잡아 끌었다.

"행님아, 고래다! 고래가 나타났다!"

눈이 휘둥그레진 이군은 "어데? 어데?" 하며 장군을 따라나섰다. 개운포 바다엔 고래가 나타날 일이 없었다. 해체장도 창고도 없는 이곳에 누군가 고래를 잡아 올 리도 없었다.

"니, 뭐 잘못 본 거 아이가? 여는 고래 나오는 데가 아이다."

"아 참, 진짜 고래 맞다케도!"

형을 데리고 다시 바다로 왔을 때, 어린 고래는 그 자리에서 여전히 숨을 몰아쉬고 있었다.

"행님아, 고래가 어데 다친 거 같다. 절대로 죽이면 안 된다. 알겠제?"

이군도 적잖이 놀란 얼굴이었다.

"진짜로 고래네. 돌고래가 맞데이."

"봐라, 죽이면 안 된다고! 살려 줘야 한다, 알았나?"

이군은 고개를 끄덕였다.

"마, 내는 잡고 싶어도 몬 잡는다. 포수도 아닌데 우째 잡노? 작살이나 대포 없으면 몬 잡는다."

이군은 말뚝에 매인 줄을 풀고 서둘러 나룻배에 올랐다. 그러고는 천천히 노를 저어 처용암으로 다가갔다.

"나도 암만 고랫배를 타지만, 돌고래 보믄 참 불쌍타. 일본 놈들이 을매나 싹쓸이를 하는지……."

고래는 아직도 그 자리에서 '푸우푸우!' 숨을 고르고 있었다. 도대체 무슨 일이 있었던 걸까? 척 봐도 고래는 무척 지쳐 있었고, 입에서 조금씩 거품을 게워 내는 듯했다. 게다가 눈은 반쯤 풀려 있었다. 도망칠 기운

조차 없는 듯, 나룻배가 다가가도 그저 멀거니 쳐다볼 뿐이었다.

"고래야, 걱정 마라. 우리는 니 안 해친다."

장군이 말했다.

"짜슥아, 고래가 니 말을 알아듣겠나? 가만있어 봐라."

이군은 고래 가까이에 배를 대고 고래의 몸을 살폈다.

"아직 다 큰 놈은 아닌갑다. 한 열 살쯤 돼 보이네."

"그래? 내도 올해 딱 열 살인데."

장군은 형을 따라 가만가만 고래의 주둥이를 쓰다듬었다.

고래는 조금씩 편안해지는지 헐떡이던 숨소리가 서서히 잦아들었다. 가끔씩 눈을 감았는데, 껍데기를 꼭 다문 조개처럼 보였다.

"어라, 여 상처가 있네."

고래의 왼쪽 눈 위에 찢어진 자국이 보였다. 피는 보이지 않았지만 두툼한 속살이 하얗게 비쳐 보였다.

"우짜노? 사람들 눈에 띄면 당장 잡을라 할낀데……."

장군이 발을 동동 구르자 이군이 말했다.

"우선 뭘 좀 멕였으면 좋겠다. 마이 지친 거 같다."

"아, 아까 누나가 준 해삼 있다."

장군은 주머니에서 해삼을 얼른 꺼내 고래의 입에 가져갔다. 하지만 돌 같은 입은 꿈쩍도 하지 않았다.

"뭘 묵고 자시고 할 기력도 없을끼다. 일단은 좀 쉬게 놔둬 보자."

장군과 이군은 고래를 쓰다듬기도 하고 머리와 주둥이에 살짝살짝 물을 끼얹어 주기도 했다. 하지만 이대로 있다가는 사람들 눈에 띄고, 곧 장생포까지 연락이 닿아 고래잡이배가 출동할지도 모른다. 둘은 고래를 살살 달래어 큰 바위에 가려진 좀 더 후미진 곳으로 이끌었다.

"여기 숨어서 좀 쉬고 있그라. 괜찮아지면 밤에 아무도 모르게 저 멀리 데려다주꾸마."

두어 시간쯤 지나자 고래가 어느 정도 기력을 찾은 것 같았다. 날은 완전히 어두워져 하늘엔 달과 별이 총총 떠올랐다.

"고래야, 인자 슬슬 가 보자."

장군은 아까처럼 천천히 개운포 하구 쪽으로 고래를 이끌었다. 주둥이와 머리에 온통 따개비며 굴 껍데기가 다닥다닥 붙어 있어서 그걸 붙잡고 떠미는 식이었다.

"아무래도 어미 잃고 헤매는 중이었는갑다. 웬만해선 이런 데까지 고래가 들어올 일이 없거든."

이군의 말에 장군이 중얼거렸다.

"그래서 혼자 죽기 살기로 여까지 도망쳤는갑다. 엄마가 뱃꾼들한테 잽히가서……."

고래는 장군과 이군이 자기를 도와주려는 것을 아는 모양이었다. 이제 굳이 손으로 이끌지 않아도 나룻배 곁에서 천천히 헤엄치며 따라왔.

장군은 달빛에 빛나는 고래의 눈을 가만히 들여다보았다. 아마도 까만 달이 있다면 이렇게 생겼을까? 우물처럼 깊으면서도 구슬처럼 맑게 빛났다.

장생포로 들어가는 만의 입구 쪽에선 종종 고깃배들이 드나들며 장군이 타고 있는 나룻배 쪽을 향해 빛을 비추곤 했다. 그때마다 이군은 크게 팔을 휘둘러 안전 신호를 보냈다. 하지만 방어진 가까운 작은 섬 슬도 부근에 이르러서는 잠시 숨어 주변 상황을 살폈다. 그곳엔 고래잡이배가 여럿 정박해 있는 데다, 언덕 위에선 울기등대가 밝은 빛을 쏘아 바닷길을 살피고 있었기 때문이다.

"고래야, 니 인자 내랑 친구다. 나이도 같으니까 그래도 되제?"

장군은 가만가만 고래의 등을 쓰다듬었다. 그 말을 알아들었는지 고래도 커다란 고개를 주억거렸다.

슬도는 참 희한한 섬이다. 섬에 있는 돌이란 돌엔 죄다 크고 작은 구멍이 숭숭 나 있었다. 방어진 앞에 버티고 선 채로 큰 바다의 파도를 막느라 그렇게 된 걸까? 주먹만 한 돌멩이 하나를 주워도 온통 상처투성이였다.

장군은 꼭 고래처럼 생긴 돌멩이 하나를 주워 들었다. 두 손에 움켜쥐고 입으로 훅 불어 보니 피리처럼 소리가 났다.

"휘이익!"

그 소리가 뭍까지 들리진 않겠지만 형은 조용히 하라고 주의를 줬다.

"쪼매 있으믄 뱃사람들이 하나둘 항구로 모여들끼다. 인자 고래를 얼

른 보내야 한다."

안 그랬다가는 가까운 바다에서 고래잡이배에 발각될지도 모른다. 다행히 항구도 바다도 아직은 한적했다.

이군이 고래를 먼바다 쪽으로 떠밀며 말했다.

"자, 얼릉 가라. 엄마를 찾아가든가, 친구를 찾아가든가 아님 어데로든 멀리멀리 헤엄쳐 가라."

"멀리 가서 다시는 여기 오지 마라. 절대로 사람들한테 붙잡히면 안 된다, 알았제?"

말을 알아듣기라도 한 듯 이군과 장군을 한동안 가만히 바라보던 고래는 이내 몸을 돌려 먼바다로 천천히 헤엄쳐 갔다.

"고래야! 이담에 이 소리 들으면 내인 줄 알아라!"

장군은 못내 아쉬워 슬도에서 주운 고래 모양 돌멩이를 피리처럼 힘차게 불어 보았다.

"휘이이익!"

멀리서 고래가 응답이라도 하듯 물 위로 풀쩍 솟구쳐 올랐다.

후리막 : 연안에서 잡아 온 멸치를 삶아 말리는 곳.

- 혼자가 된 삐딱이
- 고래의 복수

귀신고래의 움직임

고래들은 수면 위로 뛰어오르는 '고래뛰기'를 하는 경우가 많은데, 귀신고래는 고래뛰기보다는 물 위로 불쑥 머리를 내밀고 주변을 엿보는 행동을 많이 한다. 이것을 '스파이 호핑'이라고 한다. 사람이 볼 땐 귀신같이 나타났다 귀신같이 사라지기 때문에 귀신고래라는 이름이 붙었다.

귀신고래는 머리 윗부분에 있는 두 개의 숨구멍으로 공기를 들이마시며, 깊이 잠수할 때는 3~5분 동안 숨을 마시기도 한다. 귀신고래가 뿜는 분수의 높이는 3~4미터 정도다.

대개 혼자서 살거나 작은 무리를 이루어 이동하며, 헤엄치는 속도는 느린 편이어서 한 시간에 6~8킬로미터를 가는 정도다.

혼자가 된 삐딱이

"휘익, 휘이이익!"

아이의 피리 소리가 점점 멀어졌다.

삐딱이는 아무 곳으로나 미친 듯이 헤엄쳐 어딘지 모를 작은 섬에 닿았다. 정신없이 도망친 탓에 너무나 지쳐 금방이라도 까무러칠 것만 같았다. 다행히 그 아이 덕분에 기력을 되찾고 먼바다로 나올 수 있었다.

"고마워, 작은 사람아……."

어둠 속에서 삐딱이를 바라보던 아이의 눈빛이 웬지 낯설지가 않았다. 전에 한 번 마주친 적 있던, 삐딱이를 살려 준 고래잡이배 선원의 얼굴이 머릿속에서 자꾸만 겹쳐졌다.

엄마를 잃고 홀로 남은 삐딱이는 다른 귀신고래의 흔적을 따라 북쪽 바다로 떠났다. 늘 엄마 말의 반대로만 하던 말썽꾸러기였지만 이제 모든 것을 스스로 해결해야 했다.

삐딱이는 엄마가 가르쳐 줬던 것들을 떠올리며 제대로 따라하려고 노력했다. 먹이를 훑을 때는 오른쪽으로 눕고, 커다란 바위며 낯선 물고기는 주의 깊게 살피며 다가갔다. 먹이를 배불리 먹은 뒤에는 해초를 뜯어먹는 것도 잊지 않았다. 차가운 얼음 바다에서 몇 달을 꿋꿋하게 잘 버텨낸 삐딱이는 어엿한 어른 고래가 되어 있었다.

또다시 추운 겨울이 왔고, 삐딱이는 먼 여행을 떠날 준비를 서두르며 잠시 망설였다. 엄마와 함께 갔던 그 길을 따라 동해로 갈지 아니면 왼쪽으로 크게 방향을 틀어 캘리포니아 쪽으로 갈지 결심이 서지 않았다.

'좋아, 이번엔 저쪽으로 가 보자!'

삐딱이는 캘리포니아 쪽을 향해 힘차게 나아갔다. 동해로 가고 싶었지만 가는 길 내내 엄마 생각이 나서 슬플 것 같았다. 차마 잊을 수 없는 엄마의 마지막 모습, 마지막 목소리가 자꾸만 따라올 것이다. 무엇보다도 그 무서운 고래잡이배를 다시 만나게 될까 두려웠다.

난생처음 가 보는 바닷길은 무척이나 낯설었다. 하지만 그다지 염려할 건 없었다. 동해로 가는 고래만큼이나 캘리포니아 바다로 가는 고래 무리도 꽤 많았다.

따악딱딱딱, 콩따다다닥, 따악딱콩딱!

엄마 없이 혼자 나섰지만 삐딱이는 길을 잃거나 헤매지 않았다. 이따금씩 들리는 동료의 울음소리가 좋은 길잡이 역할을 했다. 엄마가 가르쳐 준 대로 틈틈이 고개를 내밀어 조심스럽게 해안선을 확인해 가며 남쪽으로 헤엄쳤다. 항상 오른쪽으로 보이던 육지가 이젠 왼쪽으로 펼쳐져 있었다.

해가 뜨고 지고, 달과 별이 뜨고 지고, 더러 비나 눈이 번갈아 내렸다. 때로 어둠 속에서 천둥과 벼락이 쩌렁쩌렁 울리고 엄청난 파도가 세상을 뒤집을 듯 몰아칠 때면 삐딱이는 두려움에 몸서리쳤다.

이런 일을 몇 차례 겪다 보니 삐딱이는 차라리 숨 몇 번 몰아쉬고 가능한 한 바닷속 깊이 몸을 피하는 게 낫다는 걸 깨달았다. 아주아주 깊은 바다 저 아래로 내려갈수록 세상은 고요했다. 향고래는 숨을 두 시간 넘게 참으며 바닷속 이천 미터까지 거뜬히 내려간다는데, 그들이 만나는 아득한 심해는 얼마나 더 고요할까?

난생처음 혼자 여행하는 길, 끝없이 영영 계속될 것만 같던 길고 지루한 여정도 어느새 끝이 보였다. 수많은 고래들이 한곳에 모여들었다. 그곳의 바닷물은 유난히 맑아서 수면을 뚫고 들어온 햇살이 저 아래 깊은 물속까지 환하게 비쳐 들었다. 바닥의 새하얀 모래벌판에 파도 그림자가 너울거리는 풍경은 마치 천국 같았다. 물 밑바닥에 깔린 하얀 모래알은 하나하나 진주처럼 빛났다. 삐딱이는 예쁘고 아름다운 보석 밭을 헤집으며 모처럼 신나게 장난을 쳤다.

문득, 낯선 것들은 뭐든지 주의 깊게 살펴야 한다는 엄마의 말이 떠올랐다. 그리고 보니 잠깐 장난치는 사이 단단하고 날카로운 산호초에 등이 찢겨 상처가 난 것 같았다.

이 주변 바다엔 어딜 가나 고래가 넘쳐났다. 북쪽 바다에선 볼 수 없었던 꼬마향고래, 긴부리참돌고래, 망치고래 들도 종종 눈에 띄었다. 웬만

한 고래 못지않게 덩치가 큰 고래상어도 있었는데, 마치 물 위를 둥둥 떠다니는 해파리나 개복치처럼 유순하기 그지없었다.

삐딱이는 해마다 겨울이 되면 이곳 눈부신 에메랄드빛 바다를 찾아갔다. 그렇게 여러 차례 길고 긴 여행을 하는 동안 삐딱이는 바다에서 살아남기 위해 알아야 할 것들을 스스로 배우고 깨우쳐 나갔다.

북쪽 바다와 캘리포니아를 열 번쯤 오갔을 때, 삐딱이는 아주 오랜만에 문득 고향 바다가 보고 싶었다. 엄마 생각도 많이 났다. 새까만 하늘에서 춤을 추듯 너울거리는 오로라 사이로 언뜻언뜻 손짓하는 엄마 모습이 보이는 듯했다.

"엄마, 엄마……."

가을이 되자 다른 고래들이 하나둘 남쪽으로 떠나기 시작했다. 삐딱이는 저도 모르는 사이 동해를 향해 헤엄쳐 가고 있었다.

고래의 복수

"구신고래는 눈을 씻고 찾아봐도 없다."
"인자 겨울이 와도 동해 쪽으론 얼씬도 안 하는갑다."
고래잡이배 선원들 말이었다.
정말 그랬다. 고래잡이배에 잡혀 올라오는 귀신고래의 수가 확 줄었다. 고래를 더 많이 잡으려고 혈안이 된 일본인은 거대한 철선을 이끌고 먼 북쪽 바다를 향해 올라갔다. 곳곳에 들어서는 공장을 돌리고, 또 한편으로는 전쟁을 준비하기 위해 고래기름이 끝도 없이 필요했기 때문이다.
"보소, 장군이 아부지. 인자 제발 고랫배 좀 그만 타이소. 이군이가 배 타고 돈 많이 버니까 고마 됐다아입니꺼."
꽃분 씨가 말렸지만 판수 씨는 딱 일 년만 더 타겠다고 했다. 내년이면 판수 씨 나이도 어느덧 육십이 되니 그때까지만 고래잡이 일을 더 하겠다는 것이다.
판수 씨도 요즘 고래잡이가 예전만 못하다는 걸 알았다. 배를 타고 멀리 나가도 귀신고래는 한 마리도 보이지 않았다. 어쩌다 밍크고래가 간간이 걸려 올라왔지만, 기름도 적게 나오고 고기 맛도 훨씬 떨어지기 때문에 고래잡이배의 주된 사냥감이 아니었다.

커다란 철선과 작은 목선 여섯 척으로 선단까지 꾸려 먼바다로 나갔으니 뭐든 잡아야 했다. 일본인 선장은 장생포로 되돌아가는 길에 홋카이도 부근 바다까지 이 잡듯이 뒤졌다.

"고래다! 고래가 나타났다!"

판수 씨가 소리쳤다. 하지만 귀신고래도 아니고 대왕고래나 참고래도 아니었다. 덩치가 어마어마하게 크고 머리 쪽이 메줏덩어리처럼 뭉툭한 향고래였다.

"으하하! 엄청난 대박이로구나!"

목이 빠져라 고래를 기다려 왔던 선원들이 환호했다.

선장은 작은 배 여러 대에 선원들을 나눠 태웠다.

"1번 배는 왼쪽으로! 3, 4번 배는 오른쪽으로! 나머지는 천천히 에워싸면서 가까이 접근!"

모처럼 얻은 기회를 놓치지 않기 위해 어느 때보다도 치밀하고 신중하게 작전을 펼쳤다.

가장 먼저 향고래 가까이 다가간 1번 배에서 작살을 힘껏 던졌지만 아슬아슬 빗나가고 말았다. 잠시 뒤 또 다른 배에서 기회를 노려 작살을 던졌지만 이번에는 꼬리지느러미를 살짝 스쳤다.

"푸우!"

배들이 자신을 노리고 있다는 걸 눈치챈 향고래는 순식간에 모습을 감췄다.

"아뿔싸! 또 놓쳤어."

선원들 대여섯 명씩 나누어 탄 작은 배들은 고래가 사라진 주변 바다를 하릴없이 맴돌았다. 그렇게 십 분쯤 지났을까. 갑자기 크고 시커먼 절벽 같은 기둥이 작은 배의 밑바닥을 '쿵!' 때리며 솟구쳐 올랐다.

그 바람에 배는 손바닥처럼 홀랑 뒤집히고, 바다에 내동댕이쳐진 선원들은 놀라 허우적거렸다.

"사람 살려! 사람 살려!"

다른 배의 선원들이 황급히 밧줄과 공기 주머니 따위를 내던졌다. 배 밑바닥을 강하게 때리며 솟구친 것은 조금 전 사라졌던 향고래였다. 사냥꾼의 공격에 화가 난 향고래가 복수를 시작한 것이다. 또다시 향고래가 첨벙 소리를 내며 물속으로 다시 들어가자 바다 전체가 꿈틀거리듯 큰 파도가 일었다.

'아, 향고래는 성질이 엄청 사납다카던데……'

판수 씨가 두려움에 떨며 사방을 두리번거릴 때였다.

'쿵!' 소리와 함께 판수 씨가 탄 배가 크게 흔들리더니 맥없이 두 동강 나고 말았다. 예상치 못한 곳에서 불쑥 나타난 향고래가 배의 옆구리를 있는 힘껏 들이받은 것이다.

"사람 살려!"

판수 씨를 포함해 선원 열댓 명이 바다에 빠지고 말았다. 다른 배 위의 선원들은 물에 빠진 사람들을 구조하기 위해 이리 뛰고 저리 뛰느라 정신이 없었다.

바다 위는 그야말로 아수라장이었다. 한참 뒤, 향고래는 어디론가 자취를 감추었고 물에 빠진 선원들 가운데 몇몇은 구조되었지만 안타깝게도 판수 씨는 숨을 거두고 말았다.

판수 씨가 싸늘한 시신으로 돌아오자, 꽃분 씨는 고래잡이배 선장을 찾아가 멱살을 잡고 울부짖었다.

"이놈들, 이 나쁜 왜놈들아! 우리 남편 살려 내라, 살려 내!"

하지만 일본 포경 회사에서는 한 달치 품삯과 함께 보상금 몇 푼을 쥐어 주는 것으로 끝이었다. 꽃분 씨도 더는 어찌할 수가 없었다. 그 후로 꽃분 씨는 종종 넋이 나간 듯 바닷가에 앉아 남편을 삼킨 바다를 하염없이 바라보곤 했다.

"니도 인자 왜놈들 배 그만 타라. 내랑 니 누이랑 물질하고, 쪼매 있는 땅으로 조금씩 농사나 지으며 살믄 된다."

꽃분 씨가 말했지만 이군은 건성으로 고개만 끄덕거릴 뿐 번번이 고래잡이배에 올랐다. 이제 이급 갑판원이 되어 품삯도 더 많이 받는 마당에 쉽사리 그만둘 수가 없었다.

꽃분 씨가 알면 펄쩍 뛸 노릇이겠지만 실은 장군도 고래잡이배를 타고 싶었다. 고래를 잡는 건 썩 내키지 않았지만, 무엇보다도 고래를 가까이에서 보고 싶었다. 수면 위로 멋지게 고래뛰기를 하고, 물을 뿜으며 무지개를 만들고, 드넓은 바다를 자유롭게 헤엄치는 모습은 먼바다로 나가야만 볼 수 있었다.

"저기 저 보소! 고래가 나타났십니더!"

장생포항에서 해체되던 고래를 구경하던 장군이 문득 먼바다를 보며 소리쳤다. 정말 저 멀리 파도 사이로 밍크고래 한 무리가 지나가고 있었다.

장군도 아버지를 닮아 눈이 아주 좋았다. 코흘리개 시절부터 새총 솜씨가 남달랐던 것도 눈 때문이었는지 모른다.

"아따, 고놈 참 기똥차네! 배 타면 고래 잘 찾겠다!"

"니도 우리랑 같이 고랫배 탈래?"

뱃사람들 말에 장군은 고개를 힘차게 끄덕였지만 그저 농담일 뿐이라는 걸 장군도 알았다. 고래잡이배는 아무나 탈 수 있는 배가 아닌 데다 장군은 아직 어렸다.

처용암을 바라보며 장군은 열 살 때 만났던 어린 귀신고래를 종종 떠올렸다. 먼바다 어디선가 신나게 헤엄치고 있을 그 고래를 생각하며 슬도에서 주운 돌피리를 불곤 했다.

그런데 친구인 덕팔이 장군보다 먼저 고래잡이배를 타게 되었다. 보통 고래잡이배에서 밥 짓는 화장은 열대여섯 살짜리를 데려다 시키는데, 힘깨나 쓰게 생긴 덕팔이 일본인 선장의 눈에 띈 것이다.

장군은 뱃일을 마치고 온 덕팔을 볼 때마다 부럽기 짝이 없었다.

"요번에는 얼매만 한 고래 잡았노?"

"말도 마라. 잡힌 고래가 우리 집보다 더 크더라!"

그 무렵 동해에는 참고래가 많이 잡힐 때였다. 한 해에 무려 이백 마리가 넘는 참고래가 일본 고래잡이배에 잡혀 올라오기도 했다.

"구십 자* 넘는 고래가 잡히믄 내한테도 품삯이 더 떨어진다!"

"뭐라꼬? 구, 구십 자?"

"하모. 그만하면 저기 저 일본 핵교보다도 더 크다아이가."

덕팔은 월급으로 받은 돈을 내보이며 자랑했다. 고래잡이배에서 일하면 제일 직급 낮은 허드렛일꾼이라도 웬만한 농사꾼보다 수입이 훨씬 좋았다.

"고래도 보고 돈도 벌고, 니는 참 좋겠다."

장군은 부러워 샘이 날 정도였다.

"니 암만 그래도 구신고래는 잡지 말그래이."

장군의 말에 덕팔은 피식 웃었다.

"마, 구신고래는 볼래야 볼 수도 없다. 그거는 겨울에만 나온다카대. 뭐 또 인자는 겨울에도 잘 안 나타난다더라."

장군이 아쉽게 고개를 끄덕이자 덕팔이 말을 이었다.

"그라고 내는 인자 고래 잡고 우짜고 하는 거에는 뭐 별 관심도 없다. 고마 배 타고 다니면서 맨날 좋은 밥이나 실컷 묵는 게 제일 좋다."

"그래? 나는 밥 안 주도 되니까, 고래만 실컷 보믄 좋겠는데……."

홀로서기

그렇게 몇 해가 더 지나 장군이 열아홉 살이 되었을 때 드디어 기회가 왔다. 형 이군이 일본인 선원들에게 잘 이야기한 덕에 작은 고래잡이배를 타게 되었다.

처음 배를 타는 장군에게 이군은 이것저것 조심해야 할 것이나 요령을 일러 주었다.

"요즘은 동해에 참고래가 떼로 다닌다. 눈 부릅뜨고 잘 찾아보그래이. 특히 바다 한가운데 무지개가 나타나면 틀림없이 참고래인기라. 이놈들은 숨구녕에서 물을 두 줄로 뿜는데, 그기 사람 키보다 서너 배는 높이 올라가서 퍼진다. 알겠제?"

바다로 나간 장군은 형이 해 준 말을 수없이 되새기며 눈이 빠져라 바다를 쳐다보았다. 하지만 고래를 찾는 일은 생각만큼 쉽지 않았다. 망대도 아닌 갑판 위에서, 그것도 일꾼들 중 막내인 화장으로 온갖 허드렛일과 심부름에 이리저리 불려 다니다 보면 바다를 볼 틈도 별로 없었다. 그저 열심히 밥 짓고 청소하며 곁눈질로 조금씩 뱃일을 배울 뿐이었다. 자칫 딴 데 정신 팔려 밥도 제대로 못 짓는다는 소리를 들었다간 당장 쫓겨날 판이었다.

"고래다, 고래! 나가수다!"

망대 위에서 일본인 선원이 소리쳤다. 참고래가 나타난 것이다. 일본 사람들은 참고래를 '나가수'라 불렀고, 그건 수염이 긴 고래를 뜻하는 말이었다.

집채만 한 고래가 붙들려 올라와서 산산조각으로 해체되는 모습을 장군은 차마 딱해서 눈 뜨고 볼 수가 없었다. 한두 번 보는 일도 아니지만 영 익숙해지지가 않았다. 그래도 참 희한하게 고래고기를 먹는 건 싫지가 않았다. 워낙 어려서부터 먹어 왔기 때문이다. 장생포와 그 주변 마을 사람들에게는 고래고기가 닭고기나 돼지고기보다 값싸게 먹을 수 있는 가장 흔한 고기였다.

고래가 잡혀 올라올 때마다 장군은 가슴을 쓸어내렸다.

"휴, 요번에도 구신고래는 아니네."

장군이 열 살 무렵에는 하루가 멀다 하고 장생포에 잡혀 들어왔던 귀신고래는 이제 눈을 씻고 찾아도 볼 수 없었다. 다른 항구에서도 귀신고래가 잡혔다는 소식은 들려오지 않았다. 그때쯤 일본 고래잡이배는 귀신고래나 대왕고래는 아예 포기하고 참고래를 잡는 일에만 힘을 쏟았다.

장군은 둥실둥실 떠가는 고래잡이배 위에서 멀고 먼 북쪽 바다를 향해 돌피리를 불었다.

"휘이익! 휘이이익!"

귀신고래는 나타나지 않았지만 장군은 조용히 손을 흔들었다.

'그래, 꼭꼭 숨어서 영영 오지 마라. 이담에, 이담에, 이런 고래잡이배들 싹 없어지믄 그때 다시 온나. 알았제?'

자 : 한 자는 약 30.3cm다.

6. 전쟁, 그 후

💙 위험한 바다
💙 고래잡이배에 오르다

귀신고래의 적

다 자란 귀신고래의 천적은 범고래와 인간이다. 범고래는 움직임이 둔하고 지방질이 많은 귀신고래 어미와 새끼를 노리는 경우가 많다. 어린 새끼는 범고래 두어 마리가 다가가 수면 아래로 짓누르는 것만으로도 손쉽게 질식시켜 사냥할 수 있다. 범고래보다 더 무서운 천적은 인간이어서, 대서양계 귀신고래는 이미 오래전에 멸종되었고, 현재는 전 세계적으로 2만 마리 정도 남아 있다. 하지만 귀신고래가 이들에게 항상 당하기만 하는 것은 아니다. 때로는 복수를 하거나 반격하기도 하는데, 이런 사나운 반응 때문에 오래전 고래 사냥꾼들은 '악마의 물고기'라 부르기도 했다. 또 자신을 공격하는 범고래를 꼬리로 쳐서 쫓아 버리는 모습이 관찰된 적도 있다.

위험한 바다

"아하, 바로 여기야!"

동해를 찾아온 삐딱이는 저 깊은 바닥으로 내려가 신나게 펄밭을 훑었다. 오래전 맡았던 그 냄새, 그 풍경, 그 온도……. 태어나 첫 숨을 쉬었던 바로 그 고향 바다였다. 하지만 안타깝게도 어머니를 잃은 곳이기도 했다.

이곳 바다 어디를 가든 어머니가 자꾸 생각나고, 심지어 꿈에서도 그리운 어머니를 만났다.

"앗, 엄마다! 엄마아!"

삐딱이는 저도 모르게 소리를 치며 잠에서 깼다.

눈앞에서 삐딱이 또래의 암컷 귀신고래 한 마리가 코웃음을 쳤다.

"별꼴이야. 왜 나더러 엄마래?"

암컷 고래가 흘끔 돌아보며 툴툴거렸다.

"미, 미안. 내가 잘못 봤나 봐."

"못 보던 고래 같은데, 여기 처음 왔니?"

삐딱이는 고개를 끄덕였다.

전쟁, 그 후

"아주아주 오랜만에 왔어. 내가 태어난 고향이지."

"그랬구나."

암컷 고래는 해마다 이맘때쯤 북쪽 바다에서 동해를 찾아왔고, 다른 바다엔 가 본 적이 없다고 했다.

삐딱이가 캘리포니아를 오가는 십여 년 동안 동해는 세상에서 제일 위험한 바다로 소문이 파다했다. 예전엔 많은 고래들이 몸을 피해 숨어드는 곳이었지만, 이젠 유난히 지독하고 악랄한 고래잡이배들이 득실거린다는 것이다. 그럼에도 종종 아주 용감하고 노련한 고래들이 동해까지 내려간다는 얘길 들었는데, 바로 이 암컷 고래가 그중 하나였다.

고래 세상에는 바다의 일뿐 아니라 땅 위의 일들도 곧잘 소문이 퍼지곤 했다. 듣자 하니 한반도와 그 땅에 사는 사람들을 가까운 섬나라 사람들이 마구 억누르고 짓밟고 모든 것을 빼앗아 간다고 했다.

"쯧쯧, 인간은 왜 서로 사이좋게 지내지 못하고, 바다에서 평화롭게 사는 우리까지 괴롭히는 걸까?"

삐딱이 말에 암컷 고래도 맞장구쳤다.

"그러게 말야. 아주 옛날 한반도 사람들이 저 섬나라 사람들에게 좋은 일을 많이 해 줬다던데, 은혜도 모르고……."

"그건 또 무슨 얘기야?"

삐딱이가 묻자 암컷 고래는 까마득히 먼 옛날부터 전해 내려오는 이야기 하나를 들려주었다.

한반도 땅에 연오라는 사내와 세오라는 여인이 살았어. 둘은 서로 끔찍이 아끼고 사랑하는 부부였지. 어느 날 바닷가로 나온 연오가 미역을 따고 있었는데, 웬 커다란 바위가 둥실둥실 떠내려오는 거야.

"거참 신기한 바위로군."

연오가 그 신기한 바위에 훌쩍 올라타자, 바위가 저절로 움직이더니 먼바다까지 둥둥 떠내려가서 어느 섬나라에 닿았어. 섬나라 사람들은 바위를 타고 온 연오를 왕으로 모셨지. 그때까지만 해도 섬나라 사람들은 계절마다 추위와 더위에 시달리고, 늘 먹을 게 부족해 쫄쫄 굶주리는 형편이었어. 연오는 섬나라 사람들에게 농사짓는 법과 집 짓는 법을 가르쳐 주었어.

연오가 사라진 뒤 혼자 남은 세오는 날마다 바닷가에 나가 남편을 그리워했지. 그런데 어느 날, 바위 하나가 두리둥실 떠내려오는 거야. 바위 위에 신발 한 짝이 놓여 있었는데 바로 연오의 것이었어. 세오는 얼른 그 바위에 올라탔고 세오를 실은 바위는 두둥실 먼바다를 건너 남편 연오가 있는 섬나라에 닿았지. 그렇게 다시 만난 부부는 얼싸안고 눈물을 흘리며 기뻐했어. 왕비가 된 세오는 그곳 사람들에게 옷 짓는 법, 밥 맛있게 짓는 법을 가르쳐 주었고, 두 사람은 평화롭고 풍족한 섬나라에서 행복하게 살았대.

"그때 그 두 사람이 둥실둥실 타고 갔던 바윗덩어리 말이야."

암컷 고래가 장난스럽게 몸을 한 번 뒤집으며 말을 이었다.

"사람들은 눈치채지 못했지만, 사실 그 바위는 귀신고래였대!"

"정말?"

"그렇다니까."

"그럼 우리 귀신고래들이 반도 사람들이랑 섬 사람들한테 아주 큰일을 해 준 거네."

"그러니까 사람들은 우리를 못살게 굴 게 아니라, 오히려 고마워해야 한다니까!"

그렇게 이야기를 나누고 있을 때, 어디선가 웅웅웅, 궁궁궁 소리가 희미하게 들려왔다.

"또 사람들이 나타났군."

암컷 고래가 별일 아닌 듯 중얼거리더니 삐딱이를 향해 몸을 돌리며 말했다.

"만약 고래잡이배가 가까이 붙으면 배의 꽁무니 쪽으로 최대한 빨리, 그리고 멀리 달아나야 해."

암컷 고래는 가까이 다가오는 소리를 피해 삐딱이를 안전한 곳으로 이끌었다.

그 후로 암컷 고래와 삐딱이는 어딜 가나 함께 붙어 다녔다. 북쪽의 여

름 바다로 가는 봄 여행도 함께였고, 동해의 겨울 바다로 가는 가을 여행도 함께였다. 그러다 보니 둘 사이에는 새록새록 정이 들고 어느새 사랑의 마음도 움트게 되었다.

암컷 고래는 아주 지혜로웠다. 덕분에 둘은 고래잡이배를 피해 바다 곳곳을 안전하게 누비며 알콩달콩 다정하게 지냈다.

그렇게 함께 여러 해를 보내는 동안 사람들 세상에선 또 한 차례 큰 전쟁이 일어났다.

"휴, 사람들은 도대체가 조용할 날이 없군."

"그러게 말이야. 왜들 저렇게 쉴 새 없이 싸우는 거야?"

전쟁 때문인지 고래잡이배들은 한동안 동해에 나타나지 않았다. 그래도 안심할 수 없었다. 고요한 바닷속으로 종종 포탄이 소나기처럼 날아들었고, 심지어 고래를 표적 삼아 '펑! 펑!' 포탄을 쏘기도 했다.

고래잡이배에 오르다

 장군은 얼마 전부터 한배를 타게 된 덕팔과 함께 뒷산 꼭대기에 올랐다. 장생포 사람들은 이 뒷산 마루를 천지먼당이라고 불렀다. 이곳에 서면 장생포는 물론 저 먼바다까지 한눈에 들어왔다. 천지먼당으로 오르는 길에는 때마다 마을 제사며 풍어제가 열리는 신당이 있고, 근처에 우짠 샘이 있었다. 이곳은 예전에 판수 씨가 물을 긷기 위해 자주 들른 샘이었다. 덕팔과 장군은 고래잡이배에 실을 물을 뜨러 온 김에 잠시 바람도 쐴 겸 천지먼당까지 올랐다.

 장생포 앞바다에 떠 있는 고래잡이배들을 보며 장군이 한숨을 내쉬었다.

 "참말로 무자비한 놈들 아이가."

 "그러게. 해도 해도 너무하다……."

 일본의 고래잡이는 전보다 훨씬 더 지독하고 악랄해졌다. 심지어 작살포 끝에 폭약을 달기도 했는데, 고래 몸에 박히면 펑 하는 굉음을 내며 터졌다. 치명상을 입은 고래는 채 열을 세기도 전에 숨을 거두었다. 더 큰 고래잡이배를 만들어 고래 사냥과 해체, 냉동까지 배에서 뚝딱 처리하는 것도 이제 옛일이 되었다. 전 세계가 전쟁에 휩싸였을 때는 고래잡이배를 군함으로 사용했다.

바다 바깥세상에서 사람들이 서로를 해치는 데 사용한 전쟁 기술은 곧 고래잡이 기술을 높이는 데에도 이용되었다. 레이더와 초음파를 이용해 물속에서 높은 음파를 쏜 뒤 부딪혀 돌아오는 반사파를 통해 고래를 속속들이 찾아냈다. 삑삑거리는 초음파는 사람에겐 들리지 않지만 고래에겐 천둥만큼 큰 소음이었다. 가까운 곳에서 날벼락 같은 초음파를 얻어맞은 고래는 괴로워 비명을 지르며 몸부림쳤다. 초음파 소리에 깜짝 놀라 수면 위로 치솟거나 미친 듯이 달아나면, 고래잡이배는 곧바로 대포를 펑펑 쏘며 빠른 속도로 고래를 쫓았다.

여러 해가 지나는 동안 장군은 밥 짓는 화장에서 잔일을 하는 도방세라를 거쳐 갑판원으로 지위가 올랐다. 눈이 밝아 고래를 잘 찾기로 소문이 났고, 예전에 아버지 판수 씨가 그랬던 것처럼 망대 위에서 고래 찾는 일을 도맡았다.

"니보다 먼저 고랫배를 탔어도 나는 아직 허드렛일만 하는데, 장군아 니는 참 좋겄데이."

이제는 거꾸로 덕팔이 장군을 볼 때마다 부러워했다. 품삯도 더 많을 뿐 아니라, 번번이 고래를 제일 먼저 찾아 발견한 삯까지 챙겼기 때문이다.

"고래를 그리 잘 찾으니 니 나중엔 포수 해도 되겠다."

하지만 장군은 손사래를 쳤다.

"말도 마라. 일본 놈들이 그런 중요한 일을 조선 사람한테 맡기겠나?"

실제로 그랬다. 고래잡이배를 아무리 오래 타도, 일본인은 절대 조선인에게 작살을 던지거나 대포를 쏘거나 고래를 해체하는 일을 맡기지 않았다.

"내 손으로 고래 잡을 일은 영영 없을끼다."

한데 어느 날 갑자기, 일본이 전쟁에서 패했다는 소식이 들렸다. 일본에 큰 폭탄이 떨어졌고 일본 왕이 항복을 선언했다. 일본인은 황급히 짐을 싸 조선 땅을 빠져나가기 시작했다. 수십 년 동안 조선을 식민지로 삼고, 바닷속 고래를 싹쓸이하듯 한반도의 식량과 자원을 쏙쏙 빼내 가던 일본이 세계 전쟁에서 항복하고 드디어 조선 땅에서 물러간 것이다.

"해방이다!"

"조선 독립 만세!"

나라 전체가 광복의 기쁨에 잔칫집 분위기였다. 장생포 사람들도 신사를 불태우고 병막을 부수며 곳곳에서 만세를 외쳤다. 일본 깃발은 짓밟히고 일본인의 이름이 적힌 문패와 일본 상점의 간판도 모조리 뜯겨 길바닥에 나뒹굴었다.

하지만 기쁨도 잠시, 장생포와 주변 마을 사람들은 당장 먹고살 길이 막막해졌다. 수백 명의 일본인이 모조리 짐을 꾸려 자기네 땅으로 돌아가면서 고래잡이배를 한 척도 남김없이 끌고 가 버린 것이다. 고래잡이배에서 일하던 조선인 선원 백여 명은 품삯도 받지 못한 채 일자리를 잃었고, 고래 덕분에 먹고살던 수많은 상인도 빈털터리가 되고 말았다. 고래 해체장도, 기름을 내던 제유장도, 얼음 공장이며 냉동 창고도 온통 고래 피 썩는 냄새만 풍기며 흉물스럽게 변해 갔다.

참다못한 조선인 선원 몇몇이 일본으로 건너가 고래잡이 회사를 찾아갔다.

"도저히 안 되겠심더. 이라다가 다 죽는다니까예. 우리도 어떻게든 묵고살아야 안 됩니꺼!"

선원들은 품삯 대신 작은 고래잡이배 두 척을 얻어 왔다. 물고기 잡던 어선을 개조하고 철공소에 주문하여 그럴듯한 작살포까지 만들어 달았다.

"자, 인자 우리 손으로 고래를 직접 잡아 보입시다."

하지만 조선 사람들 중 누구도 고래 몸에 작살을 꽂거나 작살포를 쏘아 본 경험이 없었다. 또 이미 해체된 고래고기를 잘게 자르는 일은 해 봤어도 직접 해체해 본 이도 없었다. 그저 허드렛일이나 하면서 어깨너머로 본 것이 전부였다. 그래도 서른대여섯 살이 된 장군은 고래잡이배에 타 본 선원들 가운데서도 나이에 비해 경험이 많은 편이었다.

"장군이 자네가 배의 포수를 좀 맡아 주게."

배는 구했지만 고래 사냥을 시작할 일이 막막했던 선원들이 장군에게

찾아와 간곡히 부탁했다.

처음에는 머뭇거렸지만 다시 고래를 볼 수 있다는 생각에 고개를 끄덕였다.

그렇게 장군은 일 년 만에 다시 고래잡이배에 올랐고, 얼마 뒤 커다란 참고래 한 마리를 사냥하는 데 성공했다.

"일본 놈들아, 봤나! 우리도 인자 고래 잘 잡는다!"

선원들은 나라가 독립했을 때처럼 만세를 불렀다. 특히나 이번 고래잡이에 큰 역할을 한 장군은 세죽 마을 집으로 돌아올 때에도 마치 개선장군처럼 영웅 대접을 받았다. 자기 모습이 꼭 개운포 앞바다에 늠름하게 서 있는 장군바위인 처용암 같다는 생각도 들었다.

오랜 친구 덕팔도 한배를 탔다. 덕팔은 힘이 좋고 기계를 잘 다뤄서 기관실을 맡았다. 고래 해체 작업을 할 때도 팔을 걷고 나섰다. 뭍에서나 바다에서나 친구 덕팔이 함께하니 장군은 무척 든든했다.

장생포에 고래가 다시 잡혀 올라오는 것은 선원뿐만 아니라 장생포와 그 주변 마을 모두의 경사였다. 사람들은 커다란 고래 꼬리를 마을 당산나무에 매달고 제사를 올렸다.

"비나이다, 비나이다. 동해 용왕님께 비나이다. 물고기도 고래도 마이마이 잡히게 해 주이소."

장군이 사는 개운포 앞바다 처용암에서도 제사와 잔치가 열렸다.

"동해 용왕의 아들, 처용님! 부디 뱃사람덜 잘 돌봐 주시고, 만선으로 오게 해 주시고, 우리 마을도 다 잘되게 해 주이소."

하지만 고래를 잡는 일은 결코 만만치 않았다. 이리저리 다니면서 도리어 고래를 멀리 쫓아 버리기 일쑤였고, 다 잡은 고래를 어이없이 놓치는 때도 많았다.

게다가 조선의 고래잡이배는 너무 작고 낡아서 남극, 북극은커녕 필리핀이나 사할린까지도 나갈 엄두를 내지 못했다. 그저 한반도 주변 바다만 오락가락할 뿐이었다.

어쩌다 큰 고래를 잡은 날에는 마치 전쟁에서 승리라도 한 것처럼 두두둥, 두둥둥둥 크게 뱃고동을 울리고 온통 알록달록한 깃발을 휘날리며 항구로 들어왔다. 하지만 어떤 때는 열흘이나 보름 동안 항구 전체가 쥐 죽은 듯 고요하기만 했다. 간간이 잡히는 고래는 한반도 주변에서 가장 많이 볼 수 있는 참고래였고, 선원들은 가끔 아쉬운 대로 밍크고래를 잡아 오기도 했다.

'구신고래야, 이 소리 기억나냐? 어디든 무사히 살아만 있어라……'

바다로 나갈 때마다 장군은 먼 수평선을 바라보며 주머니 속 돌피리를 꺼내어 불었다.

"휘이익, 휘이이익!"

💙 별꽃, 그리고 달꽃
💙 어긋난 기다림

귀신고래의 여행

귀신고래는 크게 세 종류로 나뉜다. 북태평양과 오호츠크해에서 한반도 해안을 오가는 서북태평양 개체군, 알래스카와 캐나다 서쪽 바다, 캘리포니아, 멕시코 해안을 오가는 동북태평양 개체군, 그리고 유럽 해안을 따라 분포했을 것으로 추정되는 대서양 개체군이 있다.

그중 서북태평양 개체군은 '한국계 귀신고래'라고도 하는데, 이들은 오호츠크해 부근에서 여름을 보낸 뒤 겨울에는 한반도와 일본 해안까지 내려와 짝짓기를 하고 새끼를 낳는다.

동북태평양 개체군은 '캘리포니아계 귀신고래'라고도 하는데, 이들이 일 년 동안 여행하는 거리는 무려 2만 킬로미터를 넘는다고 한다.

별꽃, 그리고 달꽃

북쪽 바다에 겨울이 다가올 무렵 귀신고래들은 또다시 동쪽과 서쪽으로 갈라져 이동하기 시작했다.

"요즘 고향 바다가 좀 잠잠해졌다지?"

"으응! 그렇긴 하지만 아직 조심해야 해."

삐딱이는 아내 별꽃과 함께 여행을 시작했다. 낮에는 동에서 서로 기우는 태양을, 밤에는 하늘 저 멀리 총총 뜬 고래자리를 나침반 삼아 나아갔다.

별꽃은 삐딱이가 아내에게 지어 준 이름이었다. 이렇게 딱 달라붙어 함께 다닌 지도 수년째다. 삐딱이는 보면 볼수록 별꽃이 예쁘기만 했다. 온몸에 덕지덕지 버짐처럼 피어난 하얀 자국이며 삐죽삐죽한 따개비들조차 별처럼 보였다.

태어나 줄곧 동해를 오갔던 별꽃은 이곳에서 안전하게 사는 법을 잘 알았다. 위험할 땐 숨을 곳이 있는 암초로 삐딱이를 이끌었고, 멀리서도 고래잡이배의 기척을 알아채고 몸을 피했다.

"너를 만나서 천만다행이야."

삐딱이는 별꽃이 곁에 있어서 늘 든든했다.

"구구구궁, 쿠웅! 슈우우우, 콰콰콰콰!"

몇 해 전 끝난 줄로만 알았던 인간 세상의 전쟁이 다시 시작된 모양인지 최근 들어 포탄이나 총포 소리가 부쩍 더 잦아졌다.

바다 바깥세상이 소란스러울수록 둘은 더욱 조심스럽게 바다를 누볐고, 서로를 애틋이 보살폈다. 둘 사이에 어느새 새끼 고래까지 태어났다. 삐딱이는 별꽃을 닮은 새끼 이름을 달꽃이라 지어 붙였다.

"애야, 그쪽으로 가면 어떡하니?"

"얘! 도대체 언제까지 그렇게 뒤집어져 있을래? 숨도 안 차니?"

"이그, 먹이 훑을 땐 꼭 오른쪽으로 누우라고 했잖니."

잠시도 가만있지 못하고 까불거리는 것이 삐딱이 어렸을 때와 꼭 닮아 있었다. 별꽃은 달꽃이 너무 겁 없이 여기저기를 다니다가 행여 다칠까, 뱃사람이나 범고래 눈에 띌까 늘 걱정이었다. 그런 별꽃의 맘도 모른 채 삐딱이는 틈만 나면 새끼와 장난을 쳤다.

호기심 많은 달꽃에게 바닷속 세상은 온통 궁금한 것들로 가득했고, 모든 것들이 장난감이었다. 물 위를 둥둥 떠다니는 통나무에 올라타겠다고 야단이었고, 수초를 몸에 친친 감고 뒹굴기도 했다. 물 밖으로 물줄기를 내뿜으며 장난을 치면 갈매기들이 혼비백산 놀라 달아나는 걸 보고 깔깔 웃었다.

"달꽃아, 그런 행동은 정말 위험해. 사냥꾼은 눈이 아주 좋아. 물 밖으로 몸을 자주 드러내면 멀리서도 쉽게 눈에 띈단다."

하지만 새끼를 얻은 이후 오랜만에 다시 고향 바다를 찾은 삐딱이는 기분이 한껏 들떠 있었다. 달꽃과 같이 빨리 헤엄치기 시합도 하고, 뽀글뽀글 공기 방울을 만들어 공처럼 튀기며 놀기도 했다. 달꽃과 정신없이 장난을 치느라 별꽃에게서 점점 멀어지는 것도 몰랐다.

"자꾸 해안 가까이로 가면 위험해! 어서 돌아와!"

콩따닥, 콩따다다닥!

별꽃이 멀리서 소리쳤지만 삐딱이와 달꽃은 수면을 펑펑 때리며 마냥 신나게 깔깔거렸다.

너무 멀리 왔다는 생각에 삐딱이는 고개를 빼쭉 내밀어 물 밖을 살폈다. 눈치채지 못하는 사이 커다란 고래잡이배 한 척이 불쑥 다가와 있었다. 고개를 내미는 순간, 삐딱이는 배 위에서 바다를 살피던 한 사내와 눈이 딱 마주쳤다. 그는 무시무시한 작살포를 삐딱이에게 겨누고 있었다.

"고래가 나타났다!"

그런데 삐딱이를 바라본 순간, 초승달처럼 가늘었던 사내의 눈이 보름달처럼 휘둥그레졌다.

"앗, 너는……."

사내의 몸은 잠시 돌처럼 굳었고, 주변에서 숨죽인 채 지켜보던 다른 선원들이 아우성을 쳤다.

"포수, 뭐 하노! 퍼뜩 쏴라!"

하지만 사내는 여전히 돌처럼 굳은 듯 서 있었고, 이를 보다 못한 다른 선원이 얼이 빠진 사내를 밀어내고 작살포를 붙들었다.

"도망가라, 어서!"

사내가 외쳤고 삐딱이는 얼른 물속 깊이 몸을 피했다.

"저기 저쪽! 저쪽에도 고래가 있다!"

배 위에선 요란한 목소리가 들려왔고 사람들이 분주하게 움직이는 기척이 이어졌다. 그리고 잠시 후, '쿵!' 하고 작살포가 발사됐다. 전과 달리 작살포는 단발로 끝나지 않고 세 발 연속으로 발사되었다.

삐딱이는 가슴이 철렁 내려앉았다.

별꽃의 희미한 신음 소리가 삐딱이의 귓가에 울렸다.

"안 돼, 안 돼! 제발……."

삐딱이는 서둘러 별꽃을 향해 헤엄쳤다.

삐딱이가 가까이 다가갔을 때 이미 작살이 깊이 박힌 별꽃의 몸에서는 새빨간 피가 콸콸콸 흘러나왔다. 커다란 몸이 맥없이 자꾸만 뒤집어졌고 주변 바다는 온통 붉게 물들고 있었다.

"아아……."

삐딱이는 너무나 무섭고 참담하여 어떤 말도 할 수가 없었다. 별꽃은 피를 철철 흘리면서도 삐딱이를 바라보며 희미한 소리를 냈다.

"어서 도망쳐. 멀리멀리……. 우리 달꽃, 달꽃을 꼭 지켜 줘."

삐딱이는 차마 죽어 가는 별꽃 곁을 떠날 수가 없었다. 어떻게든 별꽃을 구하려 이리저리 거칠게 물을 휘저었지만 별꽃은 고래잡이배로 힘없이 끌려갈 뿐이었다. 삐딱이는 문득 정신을 차렸다.

'그래, 나한테는 달꽃이 있어. 달꽃을 지켜야 해.'

삐딱이는 끌려가는 별꽃의 눈을 바라보며 마지막 인사를 건넸다.

'미안해, 별꽃아…… 정말 미안해…….'

삐딱이는 급히 몸을 돌려 달꽃부터 찾았다. 어미가 작살에 끌려가는 모습을 본 달꽃은 너무나도 큰 충격에 어쩔 줄 몰라 몸이 꽁꽁 얼어붙어 있었다.

삐딱이는 겁에 질린 달꽃을 다그쳐 해안가 반대 방향으로 떠밀었다. 그러고는 오래전 별꽃이 일러 준, 암초 가득하고 안전한 곳으로 달꽃을 이끌었다.

어긋난 기다림

"두두두, 두두두두!"

장군이 탄 고래잡이배는 오색 깃발을 나부끼며 장생포항으로 들어섰다. 오랜만에 잡은 커다란 귀신고래 한 마리에 장생포는 잔칫집처럼 들썩였다.

해체장에서 숫돌을 허리춤에 찬 해부장이 귀신고래의 몸 위에 올라 커다란 칼로 쓱쓱 가르기 시작했다.

"와아, 구신고래 깨진다!"

귀신고래가 올라왔다는 소식을 듣고 구경하려는 사람들이 구름처럼 모여들었다. 하지만 장군은 하나도 기쁘지 않았다. 도리어 비통하고 참담한 기분이었다.

"장군아. 고래가 눈앞에 있는데, 와 얼빠져 서 있기만 했노?"

해체되는 귀신고래를 보며 덕팔이 장군에게 말을 이었다.

"저놈이라도 잡았기에 망정이지……."

장군은 넋이 나간 얼굴로 혼자 터덜터덜 뒷산에 올랐다.

천지먼당에 앉으니 항구에 묶인 고래잡이배와 수많은 구경꾼, 해체된 고래고기를 이고 지고 돌아가는 사람들이 한눈에 내려다보였다.

'우짜자고 하필 거기서 니를 딱 마주친 기고. 와 내 눈에 띄었노……'

눈이 마주친 순간, 예전에 자신이 형과 함께 살려 줬던 그 어린 귀신고래임을 장군은 단박에 알아보았다. 언젠가 다시 만났으면 하고 바랐지만 그런 식으로 마주치고 싶진 않았다. 장군은 마음이 아팠다.

그 무렵부터 동해에선 다시 귀신고래가 드문드문 잡히기 시작했다. 하지만 그 수는 겨우내 한 달에 한두 마리 정도로 형편없이 적었다.

"아, 인자 우리 바다에서 구신고래는 씨가 마를랑갑다."

고래잡이배 선원들과 고래를 기다리던 마을 사람들의 탄식이 이어졌다.

다행히 참고래는 봄, 여름, 가을에 걸쳐 꾸준히 잡혔다. 사냥 기술도 날로 좋아져서 다양한 고래가 잡혀 올라왔고 장생포에서는 일주일에 한 번씩 잔치가 벌어졌다. 하지만 어느 때부터인가 그나마 많이 잡히던 참고래도 그 수가 줄기 시작했다.

"인자 참고래까지 줄고 있으니 참 큰일이네. 우짜면 좋노?"

"밍크라도 되는대로 잡아야지 우짜겠습니꺼……."

밍크고래는 맛이 좀 떨어지지만 워낙 수가 많고 눈에도 쉽게 띄어 사냥이 수월했다. 게다가 크기도 참고래보다 작아서 작은 배로도 두어 마리씩 잡아 한꺼번에 끌고 올 수 있었다. 고래는 숨을 거둔 지 한 시간이 지나면 썩기 시작하기 때문에 되도록이면 빨리 항구로 끌고 와서 해체하고 저장하는 게 중요했다.

밍크고래가 많이 잡히자 장생포는 예전처럼 다시 활기를 띠었다. 고기 저장에 필요한 얼음 공장이 더 많아지고, 뼈와 고기를 가공하는 회사와 공장도 늘어났다. 고래기름과 고기를 사려는 사람들도 자꾸자꾸 늘어났다. 고래막은 언제나 신선한 고래고기를 맛보려는 사람들로 넘쳐났고, 동네 할머니들은 삶은 고래고기를 새끼줄에 꿰어 머리에 이고 다니며 팔았다.

고래고기는 장생포 사람들보다 주로 외지 사람이나 식당을 하는 사람들이 더 많이 사 갔다. 식당과 외지 사람에게 팔고 남으면 그제야 장생포 사람들에게 돌아갔다. 코흘리개 아이들은 바삭한 고래 과자를 간식으로 먹었고, 고래고기를 바짝 말린 육포를 도시락으로 싸 가지고 다녔.

장군은 여전히 고래잡이배를 타고 가까운 바다를 누볐지만, 닥치는 대로 잡아들이는 밍크고래 사냥이 영 못마땅했다.

"저기 저 밍크고래요! 포수, 포수! 빨리 쏘소!"

지난번 귀신고래를 사냥한 뒤로 어쩐 일인지 장군은 선장과 선원들의 말을 잘 듣지 않았다.

다른 고기잡이배에선 보통 선장이 대장이지만, 고래잡이배에선 포수가 대장이었다. 어느 쪽으로 나아갈지, 어떤 고래를 잡을지, 고래 잡는 일에 관한 결정은 대부분 포수가 내렸다.

"나는 참고래 아니면 안 잡을끼다!"

장군은 늘 그렇게 큰소리쳤고, 실제로 참고래가 나타났을 때는 그야말로 백발백중이었다. 장군은 정확하게 배 쪽을 겨누어 한 방에 끝냈다. 그래야 죽어 가는 고래도 덜 괴롭기 때문이다. 또 그렇게 잡은 고래는 기름도 더 많이 얻을 수 있고 고기도 신선하여 항구에서도 좋아했다.

어쩌다 아주 가끔 잡혀 올라온 귀신고래는 살이 탄탄하고 고소해서, 고래고기를 좋아하는 이들에겐 특별히 손꼽히는 별미였다. 하지만 온몸이 산산조각 나 흩어지는 귀신고래를 볼 때마다 장군은 마치 친구의 몸이 찢어지는 모습을 보는 듯 가슴이 미어졌다.

- 귀신고래의 전설
- 마지막 만남

고대인의 소망

한반도 주변 바다에는 다양한 고래들이 서식하고 있는데, 그중에서도 귀신고래는 동해안에서 참고래와 함께 가장 흔한 고래였다.

고래와 관련하여 세계적으로 가장 오래된 기록은 바로 우리나라의 울산 울주군 반구대에 새겨진, 기원전 7천 년 전의 암각화(국보 제285호)다. 여기에는 범고래, 향고래, 혹등고래, 귀신고래 등 여러 종류의 고래와 함께 호랑이, 사슴, 멧돼지 등 다양한 동물들이 새겨져 있다. 특히 한반도에 살았던 신석기인이 동물 뼈로 작살을 만들어 고래 사냥을 하던 모습이 아주 생생하고도 자세하게 담겨 있다.

귀신고래의 전설

별꽃을 잃은 삐딱이는 고향 따위 잊기로 했다. 바다는 어느 곳을 가도 사람 세상과 달리 담도 벽도 없으니, 전 세계가 하나로 통한다. 그러니 어딜 가도 똑같은 바다일 거라고 생각했다.

눈앞에서 어미가 끌려가는 것을 본 충격 탓인지 달꽃은 여간해선 삐딱이 곁에서 떨어지지 않으려 했다. 까불고 장난치는 것도 눈에 띄게 줄었다.

삐딱이는 달꽃의 마음을 이해했다. 자신도 어미를 똑같이 잃었으니까. 하지만 달꽃은 혼자가 아니다. 달꽃의 곁에는 삐딱이가 있었다.

'네가 원하는 그날까지 널 지켜 주마.'

삐딱이가 사랑한 별꽃의 마지막 바람이기도 했다.

오래전 어미를 잃었을 때처럼, 삐딱이는 달꽃을 데리고 동해 대신 캘리포니아 바다로 향했다. 해마다 캘리포니아를 찾는 귀신고래의 수는 꾸준히 늘었다. 사람들이 그곳 바다에서 고래 사냥을 금지시켰기 때문이다. 또 태평양 건너 동해에서는 여전히 고래잡이배가 들끓어서 캘리포니아 바다의 고래 수가 점점 더 늘 수밖에 없었다.

별꽃을 잃고 십여 년의 세월이 흐르는 동안 삐딱이는 몸 빛깔이 흐려지고 몸놀림도 훨씬 둔해졌다. 그래도 삐딱이는 온 힘을 다해 달꽃을 돌봤다. 다행히 달꽃은 잘 자라서 무사히 독립했다. 삐딱이는 다시 혼자가 되었고 계절마다 북쪽 바다와 캘리포니아 바다를 오가는 여행을 계속했다.

세월이 흐르고 삐딱이는 많이 늙었지만, 캘리포니아의 맑고 투명한 바다는 변함없이 안락했다. 삐딱이는 비록 체력이 예전만 못해도 지혜와 노련함만큼은 어느 고래보다도 깊고 뛰어났다. 가끔 천적 범고래가 나타나면 잔잔하고 얕은 바다로 몸을 피했는데, 그러다 종종 사람들과 마주치기도 했다. 고래잡이가 금지된 바다에서는 고래와 사람 사이도 가깝고 평화로웠다. 사람들은 고래를 볼 때마다 먼저 손을 흔들어 인사하거나 크게 환호하며 반겨 주었다. 삐딱이는 사람들 앞에서 주둥이를 조금 내밀어 보이거나 꼬리로 살짝 물을 튕기곤 했다. 그것만으로도 사람들은 박수를 치고 소리를 지르며 기뻐했다.

사람이란 참 이상한 존재다. 삐딱이는 예전에 별꽃이 들려주었던 옛이야기를 떠올렸다. 북극 가까운 시베리아의 추크치족 사람들 사이에서 전해 오는 이야기였다.

아주 먼 옛날, 어느 아름다운 나라에 아리따운 처녀가 살았어. 그 처녀는 아주 멋진 청년과 사랑에 빠졌지. 그 번듯한 청년은 사실 사람으로 변신한 고래였어. 둘은 결혼해서 함께 살았고, 얼

> 마 뒤 첫 아기를 낳았지. 그런데 집채만 한 크기의 고래가 태어
> 난 거야. 고래가 태어난 이후로는 줄줄이 사람을 낳았어. 사람으
> 로 태어난 자손들은 첫째로 태어난 고래를 자신들과 같은 형제
> 로 대하며 깍듯이 아끼고 사랑했다고 해. 그렇게 사람과 고래는
> 서로 형제처럼 평화롭게 오래오래 살았지.

고래와 사람이 평화롭게 살아가는 세상이라니……. 이 이야기를 떠올릴 때마다 삐딱이는 아주 오래전 자신을 구해 준 소년이 생각났다.

'그 아이도 많이 늙었겠지? 다시 한번 만날 수 있을까……?'

또다시 세월이 흘렀고, 삐딱이는 지느러미 끝이 너덜너덜해지고 입속 수염도 듬성듬성해졌다. 헤엄치는 속도도 점점 더 느려졌다. 온몸에 빈틈을 찾을 수 없을 만큼 따개비와 굴 껍데기가 뒤덮여 멀리서 보면 마치 거대한 바윗덩어리처럼 보였다.

북쪽 바다에 추위가 닥치자, 고래들은 따뜻한 남쪽으로 이동할 채비를 시작했다. 삐딱이도 여행 준비를 하다가, 고향 바다로 갈 때가 되었다는 생각이 문득 들었다.

'그래도 어머니와 별꽃을 마지막으로 보낸 곳이잖아.'

삐딱이는 북쪽 바다 갈림길에서 캘리포니아가 아닌 동해 쪽으로 방향을 틀었다. 오랜만에 가는 길이라 한없이 멀고 낯설게만 느껴졌다.

어디쯤 왔을까 싶었을 때, 뜻밖에도 독도 가까운 바다에서 귀신고래

어미와 새끼를 만났다. 삐딱이는 헤엄 속도가 많이 느려 다른 고래보다 뒤늦게 동해에 도착했지만 이 어미와 새끼는 왜 이리 늦었을까.

그 까닭을 물으니 새끼가 하도 장난이 심하고 호기심이 많아 온갖 것을 다 구경하고 왔는데 길까지 잘못 들어 헤맸다고 했다. 한데 그렇게 말하는 어미 고래의 목소리가 왠지 무척 귀에 익었다.

"너 혹시……, 달꽃 아니냐?"

"아, 아빠! 정말 아빠야?"

정말 달꽃이었다. 열 살이 훌쩍 넘도록 삐딱이 곁에 껌딱지처럼 달라붙어 다니던 달꽃이 어엿하게 커서 새끼까지 낳아 길러 다시 고향 바다를 찾은 것이다.

"너무 늦었구나. 어서 가자. 이 바다는 내가 잘 알지. 걱정 말고 날 따라오렴."

눈은 전보다 가물가물하고 귀도 어두웠지만 삐딱이는 딸과 손주를 천천히 이끌며 독도에서 더 남쪽으로 향했다.

해안가 육지 위로 눈 덮인 푸른 소나무 숲이 보이고, 물속에는 싱싱한 해초가 널린 따뜻하고 그리운 고향 바다! 삐딱이의 머릿속에는 그곳까지 가는 길이 지도처럼 훤히 펼쳐졌다.

마지막 만남

장군이 탄 배는 울릉도 근처 바다까지 나아갔다. 처음엔 거기까지 갈 생각이 없었지만, 장생포 인근 바다에는 사냥할 만한 큰 고래가 한 마리도 눈에 띄지 않았다. 곱새기라 불리는 돌고래나 상괭이 같은 작은 고래들만 겨울을 맞아 몰려든 작은 물고기 떼로 여기저기서 잔치를 벌이고 있었다.

"진짜로 구신고래는 아예 멸종을 해 뿐 거 아인가 모르겠네."

"그러게 말이다. 작년에 두 마리, 재작년에는 아예 한 마리도 못 잡았다아이가."

배 위에서 기관장 덕팔과 선장이 두런두런 이야기를 나눴다.

"그래도 이름이 구신고래니까 운제 또 구신같이 나타날지 모르제."

장군은 주머니 속에서 한참 만지작거리던 돌피리를 꺼내어 불었다.

"휘이익! 휘이이익!"

바로 그때였다. 거짓말처럼 귀신고래 한 마리가 고개를 불쑥 내밀었다가는 감쪽같이 사라졌다. 움찔하는 장군을 본 덕팔이 소리쳤다.

"저거 구신고래 아이가! 구신고래 맞제!"

"뭐, 뭐라? 구신고래?"

깜짝 놀란 선장과 선원들이 분주하게 움직이며 채비를 갖추었다. 그러고는 재빨리 시동을 걸어 고래가 모습을 감춘 지점으로 배를 몰았다. 그 무렵 한국의 포경선에도 디젤 엔진이 장착되어, 달아나는 고래를 빠른 속도로 뒤쫓을 수 있었다.

귀신고래는 한 마리가 아니었다. 두 마리, 아니 작은 녀석까지 세 마리였다. 장군이 보니 한 가족 같았다. 당황한 새끼 고래는 물 위로 불쑥불쑥 등을 내밀고 가쁜 숨을 몰아쉬며 다급히 어른 고래들을 뒤따랐다.

그런데 무리 가운데 덩치가 제일 큰 녀석이 맨 뒤에서 부지런히 달아나다 말고 그 자리에 뚝 멈췄다. 마치 배를 막아서려는 듯 보였다.

멈춰 선 고래 가까이로 배가 서서히 다가가자 장군이 선원들에게 소리쳤다.

"배를 멈춰라! 배를 멈춰!"

제법 가까워졌는데도 귀신고래는 달아나지 않았다. 숨거나 피할 생각도 전혀 없는 듯 바위처럼 꼿꼿이 버티고 있었다.

"고래가 와 도망을 안 가노?"

선원들이 웅성대기 시작했다. 오래 고래잡이를 해 왔지만 처음 보는 행동이었다. 한 선원이 작살포의 방아쇠에 손가락을 걸자 장군이 급히 손짓으로 말렸다. 엔진이 꺼졌지만 달리던 힘이 남은 배는 귀신고래와 더욱 가까워졌다. 이젠 손으로 작살을 던져도 충분히 맞힐 수 있는 거리였다.

바위처럼 우뚝 선 고래는 아닌 게 아니라 진짜 바위처럼 보였다.

"나이가 제법 들었네."

장군이 중얼거렸다. 머리와 주둥이 쪽에 빈틈없이 붙은 따개비와 헤아릴 수 없이 많은 상처들, 약간 벌어진 입 사이로 보이는 흐늘흐늘한 수염이 고래의 나이를 짐작케 했다.

피부에 붙은 따개비와 굴 껍데기 사이로 까만 눈이 보였다. 눈 위로는 희미한 상처 자국이 나 있었다. 늙어서 조금 짓무르긴 했지만, 놀랍게도 그 눈은 조금도 흐트러짐 없이 장군을 바라보았다. 그 형형한 눈빛과 눈 위의 상처들……. 장군은 바로 알아보았다. 평생 고래잡이를 하며 한시도 잊은 적 없는, 바로 그 귀신고래였다.

"작살 던질까예?"

젊은 선원이 물었다. 장군은 이번에도 말없이 손을 들어 제지했다.

배는 이제 잔잔한 물결 위에 완전히 멈춰 서고, 장군과 귀신고래는 서로를 물끄러미 바라보았다.

'그래, 너구나. 너도 내를 알아보는 기제? 이렇게 결국 만나는구나…….'

장군은 귀신고래가 저 뒤에 있는 암컷 고래와 새끼를 지키기 위해 이렇게 버티고 있다는 걸 알았다.

"어여 가그라."

장군이 가만히 속삭이듯 고래에게 말했다.

순간, 선원들이 웅성거리다가는 이내 떠들썩한 소리로 외쳤다.

"뭐 하는 깁니꺼, 포수! 빨리 작살 던지소!"

하지만 장군은 바윗돌처럼 꿈적하지 않은 채 고래와 말없이 마주 보았다. 보다 못한 선장이 장군에게서 작살을 낚아채 집어던지려 했다. 하지만 장군이 재빨리 신장의 팔을 움켜잡고 작살을 빼앗아 들었다. 나이는 오십이 훌쩍 넘었어도 오랜 세월 뱃일로 다져진 장군의 몸은 돌덩이처럼 다부졌다.

작살을 든 장군과 물 위로 빤히 고개를 내민 귀신고래. 둘은 한동안 그렇게 아무 말 없이 서로를 쳐다보았다.

"……."

잠시 후 장군이 아무에게도 들리지 않는 목소리로 무어라 중얼거렸다. 귀신고래는 장군을 그윽이 바라보며 다시 천천히 눈을 끔벅였다. 눈에서 눈물이 흐르는 듯했다. 장군은 알았다는 듯 고개를 끄덕였다. 장군도 눈앞이 흐려졌다.

장군은 조심스럽게 한 발을 앞으로 내디뎠다. 그러고는 한 손으로 버팀줄을 단단히 움켜쥐고, 다른 손에 거머쥔 작살을 있는 힘껏 내던졌다.

그해, 한반도 바다에서는 귀신고래 다섯 마리가 붙잡혀 올라왔다. 그리고 그 후로 수십 년이 지나는 동안 단 한 마리도 잡히지 않았다.

9. 바다의 주인

💙 마지막 귀신고래
💙 고래의 바다

한국계 귀신고래 Korean Gray Whale

고래들 가운데 우리 학명이 붙은 유일한 고래다. 미국의 과학자 로이 앤드루스가 1912년 당시 한반도 해안에서 많이 잡히는 이 고래를 연구해 1914년 논문으로 발표하면서 세계에 널리 알려졌다. 본래 귀신고래는 동해에서 참고래와 함께 가장 흔한 고래였으나 일제 강점기에 무차별적으로 포획되면서 멸종 위기에 처했다. 한국계 귀신고래는 1977년 울산 앞바다에서 마지막으로 두 마리가 발견된 후 수십 년 동안 그 모습을 보이지 않고 있다. 하지만 멸종한 것은 아니고 오호츠크해에서 90~130마리가 관찰되기도 했다.

마지막 귀신고래

"휘익, 휘이익!"

삐딱이는 어디선가 귀에 익은 돌피리 소리를 들은 듯했다. 어린 시절, 어머니를 잃고 위기에 처했을 때 삐딱이를 구해 준, 바로 그 소년의 피리 소리였다.

달꽃과 새끼가 안전하게 달아나는 것을 본 삐딱이는 몸을 돌려 고래잡이배를 마주하고 섰다. 삐딱이는 뱃머리에 선 소년을 멀리서도 알아보았다. 소년은 이제 중년 사내가 되어 머리가 희끗희끗했다. 얼굴 곳곳에 깊은 주름이 패어 있었지만, 눈빛만은 예전처럼 여전히 따뜻하고 부드러웠다.

'마지막으로 너를 만나서 다행이야.'

삐딱이는 다시 먼 여행을 떠나기에 자신이 너무 늙고 지쳤다는 생각이 들었다. 이대로 무사히 여행을 마치더라도, 사나운 범고래 무리에게 온몸을 뜯기고 말 것이다.

소년을 다시 만난 순간 삐딱이는 결심을 굳혔다. 비록 슬픈 기억으로 가득한 고향 바다였지만, 이곳은 어머니와 별꽃과의 좋은 기억이 묻힌 곳이기도 했다. 삐딱이도 어머니와 별꽃의 마지막 숨결이 깃든 이곳 고향 바다에서 잠들고 싶었다.

  늙어 버린 소년은 삐딱이의 마음을 이해한 듯했다. 그렇게 삐딱이는 자신의 마지막 숨을 장군에게 맡겼다.

고래의 바다

예순 중반의 노인이 된 장군은 손주들이 오면 자주 처용암으로 데리고 나갔다.

"할아버지, 그 돌피리 또 불어 주세요."

"피리 불면 진짜로 고래가 나타나요?"

올망졸망한 손주들은 고사리 같은 손으로 할아버지 손가락을 쥐고 흔들며 졸랐다.

"하모, 이 돌피리를 불믄 구신고래들이 구신같이 알아듣고 올끼다.

이기 고래 소리랑 비슷하거든? 할배가 한번 불어 보께, 들어 봐라이. 휘익, 휘이익!"

장군의 피리 소리는 아주 높이, 또 멀리 퍼져 나갔다.

"자, 느그들도 한번 불어 보그라."

장군은 돌피리를 하나씩 손주들에게 건넸다.

요령이 없는 아이들은 피리를 잘 불지 못해 자꾸 바람 빠지는 소리를 냈고, 그 소리가 우스워 까르륵 웃어 댔다. 장군은 손주들을 보며 흐뭇한 미소를 짓고는 다시 먼바다를 바라보았다.

얼굴이 빨개질 정도로 부웁부웁 열심히 피리를 불어 대던 손녀가 마침내 휘이익 하고 높고 긴 피리 소리를 내는 데 성공했다. 아이는 신이 나서 폴짝폴짝 뛰며 소리를 질렀다.

"잘했네. 잘했데이!"

장군은 손녀의 등을 토닥토닥 두드려 주었다.

그때, 멀리 수평선 가까이에서 집채만 한 귀신고래 두 마리가 물 위로 높이 솟구쳤다. 귀신고래들은 서로 춤을 추듯 수면 위로 천천히 헤엄을 치며 숨구멍으로 푸우푸우 물을 뿜어 올리다 금세 모습을 감추었다.

고래가 사라진 자리에는 아주 크고 눈부신 무지개가 하늘 높이 피어올랐다.

귀신고래가 돌아올 그날을 위해

글 허영란, 울산대학교 역사문화학과 교수

해양 생태계를 위협하는 것들

지구상에는 다양한 생물들이 등장해서 긴 시간이 흐르는 동안 번성하기도 하고 사라지기도 했습니다. 크고 작은 환경 변화를 거치면서 서로 다른 다양한 생물들이 상호 작용을 하며 함께 살아가는 지구의 생태계가 만들어졌지요. 그런데 요즈음에는 인간이 환경에 나쁜 영향을 끼쳐 생태계의 균형을 위협하는 경우가 늘어나고 있습니다. 온실가스 배출이 가져온 지구 온난화나 숲 파괴, 해양 쓰레기 증가 등이 대표적인 사례입니다.

사람들이 편리를 위해 마구 사용하는 화학 세제, 플라스틱이나 담배꽁초 같은 것이 바다로 떠내려가 해양 생물을 위협하고 있습니다. 바다에 버려진 그물이나 비닐봉지에 걸려든 거북이, 온갖 플라스틱과 쓰레기를 삼킨 고래나 새들, 바다로 흘러든 미세 플라스틱 때문에 해양 생태계는 위기에 처했지요.

사람 또한 자연의 한 부분입니다. 생물들이 생존을 위협받는 환경에서는 사람도 건강하게 살아가기 어렵습니다. 그러니 자연을 보전하고 생태계를 보호하는 것은 생물과 사람 모두에게 중요한 일입니다. 다양한 생물들이 서로 의존하며 공존할 수 있는 지구 환경을 지켜 미래에 넘겨주려면, 지금부터라도 진지한 관심과 노력을 기울여야 하겠습니다.

고래는 멸종 생물의 지표

고래는 지구에서 가장 덩치가 큰 생물입니다. 육지에서는 중력 때문에 그렇게 커다란 동물이 살아갈 수 없지만, 바닷속에서는 고래처럼 덩치 큰 동물도 이동과 먹이 활동을 할 수 있었습니다. 고래는 생명의 신비와 경이를 상징합니다. 바다에서 출현한 고래는 육지로 왔다가 다시 고향인 바다로 돌아갔습니다. 고래는 허파로 숨을 쉬며, 북극과 적도, 남극과 적도 사이의 수천 킬로미터를 회유하며 물속에서 새끼를 낳아 기릅니다. '회유'는 물에 사는 생물들이 알을 낳거나 먹이를 찾기 위하여 일정한 시기에 한곳에서 다른 곳으로 떼 지어 이동하는 현상을 이릅니다.

수억 년 동안 진화를 거듭하며 살아남은 고래는 1300~1400년 전후 인간의 포획 대상이었습니다. 석유를 개발하기 이전까지 고래기름은 연료용 기름의 가장 중요한 공급원이었습니다. 뿐만 아니라 각종 산업용 원료에서 식품에 이르기까지 중요한 자원이기도 했습니다. 이러한 이유로 유럽 각국에서는 무분별한 고래 포획이 수백 년 동안 지속되었지요.

한반도 주변 바다에서도 다양한 고래들을 볼 수 있었습니다. 국보 제285호인 울산 대곡리 반구대의 암각화에 새겨져 있는 여러 가지 모양의 고래들이 그 증거입니다. 수천 년 전부터 동해에는 고래들이 회유해 와서 헤엄쳤습니다. 급기야 19세기 중반에는 대형 고래를 쫓아서 서양의 포경선들이 동해에 출몰했습니다. 백여 년 전에는 러시아와 일본의 고래잡이 회사들이 한반도에 포경 기지를 설치하고, 그곳을 거점으로 동해에서 고래를 잡기 시작했습니다. 울산의 장생포 항에 앞다투어 기지를 만들고 고래를 잡아들였지요. 결국 무분별한 포획과 해양 환경의 악화 때문에 오늘날 동해에서는 대형 고래를 찾아보기 어렵습니다.

인간의 탐욕스러운 포획 때문에 수많은 생물이 멸종되었습니다. 그중에서도 대형 고래는 멸종 생물의 상징이라 할 수 있지요. 1986년 이후 국제 사회는 돈벌이를 목적으로 하는 대형 고래 포획을 금지하고 있습니다. 다양한 대형 고래들이 멸종의 위기에 처했으니까요. 동해를 자유롭게 헤엄쳐 다니던 긴수염고래, 참고래, 혹등고래, 향고래를 더 이상 볼 수 없게 되었습니다. 그나마 남아 있는 밍크고래도 그물에 걸리거나 불법 포획의 대상이 되곤 합니다. 수억 년 동안 지구 생태계를 지켜 왔던 고래가 인간의 탐욕 때문에 멸종 위기에 처하게 된 것입니다.

귀신고래의 회유

고래들은 계절에 따라 새끼를 낳아 기르기 위해 대양을 회유합니다. 한반도 주변 바다를 지나가는 고래 중에 가장 유명한 것이 귀신고래입니다. 쇠고래라고도 하며, 영어로는 회색고래(gray whale)라고 합니다.

귀신고래는 겨울에 남쪽으로 이동하는데, 11월 말경 울산 근처 바다에 나타납니다. 새끼를 밴 암놈들이 무리를 이루어 먼저 나타나고 뒤이어 수놈과 암놈이 무리 지어 나타납니다. 여름철에 동해 북부와 오호츠크해의 수심이 얕은 곳에서 머물다가 번식을 위해 늦가을부터 남쪽으로 이동하기 시작하지요. 귀신고래는 11월에서 1월 사이에 울산 앞바다를 지나 남해와 서해, 동중국해에서 번식을 하고, 3월에서 5월 사이에는 새끼를 데리고 다시 울산 앞바다를 지나 북쪽으로 올라갑니다.

귀신고래는 태평양의 서쪽 연안을 따라 남쪽으로 내려오는 서북태평양계와 동쪽 연안으로 내려오는 동북태평양계로 구분됩니다. 그 중에서도 서북태평양계 귀신고래를 '한국계 귀신고래'라고 부릅니다. 태평양 서쪽 연안을 따라 내려와서 울산 앞바다를 지나가기 때문입니다. 일본 동북쪽 연해의 태평양을 회유로로 삼는 경우도 있다고 합니다.

고래들이 이동할 때는 연안에서 수 킬로미터 이내를 통과합니다. 보통 한 시간에 3~8킬로미터 정도의 속도로 움직이지만, 새끼와 함께 이동할 때는 3~5킬로미터 정도라고 합니다. 하루 최대 이동 거리는 100킬로미터에 지나지 않아 비교적 천천히 이동합니다. 귀신고래들이 이동하지 않고 머물며 새끼를 낳고 키우거나 먹이 활동을 할 때는 수면에서 몸체를 물 위로 솟구쳐 뛰어올랐다가 바다로 다시 들어가거나 수직으로 세우기 등 멋진 곡예를 자랑하기도 합니다.

바다의 농부, 귀신고래는 어떻게 생겼을까?

귀신고래는 고쿠구지라(克鯨)라는 일본 명칭도 가지고 있습니다. 백여 년 전에 동해에서 고래를 쫓던 일본인들은 귀신고래를 악마 물고기(devil fish)라고 생각했습니다. 접근해 오는 다른 고래나 선박을 거칠게 공격했기 때문입니다. 동해를 지나가는 귀신고래는 임신을 했거나 새끼와 함께 있는 경우가 많아서 과격한 방어 행동을 보이는 경우가 많았지요. 그래서 거칠고 공격적인 이 고래를 일본 사람들은 무섭다, 심하다는 뜻의 '고쿠(克)'라고 불렀습니다.

귀신고래는 전체적으로 검은 빛깔이 도는 회색이고 배는 약간 옅은 회색입니다. 미국인이 회색고래라고 부른 이유도 몸 색깔 때문이지요. 다른 대형 고래와 달리 등지느러미가 없고, 턱 아래 1~2미터가량의 홈이 2~5개 있습니다. 최대 몸길이는 15~16미터가량이고 몸무게는 최대 45톤이나 됩니다. 임신 기간은 13.5개월, 출생 직후의 몸길이는 4.5~5미터가량입니다. 어른 고래로 성장하는 데 걸리는 기간은 5~11년이고, 이때 몸길이는 보통 11미터 전후라고 합니다. 귀신고래는 2~3년에 한 번가량 새끼를 낳고 수유 기간은 7개월가량입니다. 귀신고래의 최대 수명은 70년가량이라고 합니다.

귀신고래 표면에는 흰색의 상처 모양이 있고 굴 껍데기, 조개삿갓, 따개비 등이 붙어 있습니다. 바다 밑바닥을 누비면서 40~50센티미터 길이의 130~180개나 되는 수염 판으로 작은 바다 벼룩이나 새우를 걸러서 먹지요. 그러는 동안 바다 밑을 밭갈이하는 것처럼 휘젓고 다니기 때문에 '바다의 농부'라는 별칭으로 불리기도 합니다. 먹이 활동을 하는 동안 바다 밑바닥을 헤집어 쌓여 있던 온갖 영양분이 바닷물과 잘 섞이게 하는데, 이는 식물성 플랑크톤이 잘 자라도록 도와서 바다를 살리는 데 큰 도움이 됩니다.

한국계 귀신고래와
로이 채프만 앤드루스

귀신고래가 서양에서 '한국계 회색고래'라고 불리게 된 데는 특별한 사연이 있습니다. 이 고래에 '한국계'라는 명칭을 붙여 학계에 처음 보고한 사람은 로이 채프만 앤드루스(R. C. Andrews, 1884~1960)라는 미국 자연사박물관의 과학자이자 탐험가입니다. 해양 포유류 연구를 하고 있던 그는 일본 사람들에게 울산 연안에 출몰하는 '악마 물고기'에 대해 듣게 됩니다. 그는 '악마 물고기'가 한때 미국 캘리포니아 연안에서 볼 수 있었던 회색고래일지도 모른다고 생각했지요. 실체를 파악하기 위해 앤드루스는 '악마 물고기'가 찾아오는 때를 기다려 1912년 1월 울산 장생포를 방문합니다. 이곳에서 두 달가량 머물면서 조사한 결과 악마 물고기가 다름 아닌 회색고래, 즉 귀신고래라는 것을 확인했습니다.

앤드루스는 장생포에서 귀신고래의 회유 실태와 외형, 골격, 먹이 등을 조사 연구하여 논문으로 발표했습니다. 당시에 캘리포니아로 회유하던 동북태평양계 귀신고래는 지나친 포획으로 사라진 상태였기 때문에 앤드루스의 보고는 특별히 주목을 끌었습니다. 앤드루스는 캘리포니아 연안으로 회유하는 귀신고래와 구별하기 위해, 동해를 따라 내려오는 귀신고래를 '한국계 회색고래'라고 이름 붙이고, 그

존재를 처음으로 세계 학계에 알렸던 것입니다.

앤드루스는 장생포에서 포경선이 잡아 온 귀신고래를 조사한 다음, 전신의 뼈를 수집하여 미국으로 보냈습니다. 당시에 보내진 귀신고래 전신 골체는 지금도 워싱턴의 국립자연사박물관에 상설 전시되어 있습니다.

귀신고래 회유 해면과 사라진 귀신고래

20세기에 접어들어 동해에서 고래잡이를 주도한 것은 일본입니다. 1905년 러일전쟁에서 승리한 뒤에 일본의 고래잡이가 본격화되었고, 한국은 그 영향을 많이 받았습니다. 울산 장생포에서는 1960년대까지도 귀신고래를 '돌고래', '고쿠' 또는 '극경'이라고 불렀습니다. 일본의 영향 때문이지요. 동해에서 볼 수 없게 된 뒤에야 한국에서는 귀신고래라는 이름이 널리 퍼졌는데, 그런 이름이 붙은 이유는 천천히 움직이는 이 고래가 조용히 불쑥 나타났다 감쪽같이 사라지곤 했기 때문입니다.

한국 정부는 귀신고래가 귀해진 1962년 12월 3일에 귀신고래가 출몰했던 강원도, 경상북도, 경상남도 일원의 바다를 천연기념물

1970년대 장생포 모습을 재현해 놓은 고래문화특구.

제126호로 지정했습니다. 그러고는 장생포에 기념비를 세우고 '울산 극경 회유 해면'이라고 새겼습니다. 당시에도 '극경'이라는 이름으로 불렸던 귀신고래는, 뒤늦은 천연기념물 지정에도 불구하고 그 이름처럼 흔적도 없이 사라지고 말았습니다.

전해지는 자료에 따르면 러일전쟁 직후인 1906년 6월부터 1907년 7월 사이 한국 연해에서 일본 포경 회사가 참고래와 귀신고래 등을 206마리나 잡았다고 합니다. 1912년에는 귀신고래를 무려 188마리나 잡았습니다. 그 뒤에도 해마다 동해에서는 적게는 수십 마리에서

귀신고래가 돌아올 그날을 위해 159

많게는 200마리 가까운 귀신고래가 포획되었습니다. 그러나 무분별한 고래잡이로 1930년대에는 그 수가 급격히 줄어들었습니다.

해방 뒤에도 간혹 귀신고래가 잡혔으며, 1960년대까지는 한반도 연안에서 귀신고래를 볼 수 있었다고 합니다. 가끔 포획했다는 소문이나 증언이 있지만, 1960년대 중반 이후 귀신고래를 잡았다는 사실을 공식적으로는 확인할 수 없습니다. 그로부터 10년가량 지난 1977년 1월 3일에 울산 방어진 앞 8킬로미터 해역에서 남쪽으로 회유하고 있는 한국계 귀신고래 두 마리가 발견되었습니다. 그것을 끝으로 지금까지 40여 년이 지나도록 동해에서는 '한국계 귀신고래'가 발견되지 않고 있습니다. 무분별한 남획과 공업화, 해양 환경의 변화 때문에 귀신고래는 동해에서 사라져 버렸으며, 한때는 멸종된 것으로 알려지기도 했습니다.

사할린 동북부 해역에서 발견된 귀신고래

한때 멸종되었다고 했던 서북태평양계 귀신고래가 최근 사할린 북동부 필툰 해역에서 관찰되었습니다. 130여 마리의 귀신고래가 이곳에서 먹이 활동을 하고 있는 것이 확인되었지요. 그러나 번식률

이 너무 낮기 때문에 한국계 귀신고래는 여전히 멸종 위기 동물이며, 그에 따라 국제 사회의 보호 노력도 활발해지고 있습니다. 반면 동북태평양 연안을 따라 회유하는 캘리포니아 귀신고래는 그동안의 보호 노력이 성과를 거두어 현재 2만여 마리까지 회복된 상태라고 합니다.

세계적으로 귀신고래를 연구하는 대표적인 곳은 미국 캘리포니아와 멕시코, 그리고 사할린입니다. 특히 최근 한국계 귀신고래가 관찰된 사할린 북동부 해역에서는 우리나라의 과학자들이 미국, 러시아 과학자들과 함께 공동 조사를 진행하고 있습니다. 전문가들의 연구, 보전 노력이 효과를 발휘하기 위해서는 바다를 오염시키지 않으려는 우리 모두의 노력 또한 필요합니다. 귀신고래 개체 수가 다시 늘어나고, 개선된 바다 환경에서 유지 보전되며, 늘어난 귀신고래가 바다 환경을 더욱 풍요롭게 하는 바람직한 바다 생태계. 모든 사람들의 노력들이 더해져 한국계 귀신고래가 다시 우리의 동해에 찾아오기를 기다려 봅니다.

사진 출처

132쪽 울산 대곡리 반구대 암각화, 울산암각화박물관 소장
159쪽 울산 고래문화마을 옛 장생포 거리, 대한민국역사박물관 소장
그 외 사진 www.shutterstock.com